地方政府竞争
对中国区域间资本流动的经济效应研究

钟军委◎著

中国财经出版传媒集团
中国财政经济出版社

教育部本科教学工程“财政学专业综合改革试点”
（项目编号：ZG0340）资助项目

前　言

资本要素是塑造区域经济地理的核心要素，但是在经济空间的“块状”和“非连续”形态下，资本要素的空间分布并不均衡。同时，资本要素又是稀缺的，在一定的条件下，资本意味着土地、财富和居民福利水平，而且伴随着国民经济体系中资本要素收入份额的不断提升，资本要素越来越呈现出一种“世袭资本主义”状态。但是，资本不会一成不变地固定在某片土地上，资本是流动的，资本的逐利特性会驱使其不断去拓展新的空间，新自由主义称之为“资本的空间修复”。

政府竞争是一种战略性的经济政策，它始自英王亨利七世（1485 年）时的对国际贸易利益分配的争夺，并逐步扩展至一国区域内部地方政府对资源要素的争夺。在“赢者无界”的时代，交通和通讯信息技术的发展极大地突破了物理空间的地域限制，使得经济发展的核心区域成为资本、劳动力等要素争相流向的地方。以分税制财政体制改革为标志，中国的地方政府竞争是一种作为制度创新过程的经济改革，极大地刺激了区域地方政府经济发展的积极性，被认为是中国经济高增长之“谜”的有效政府解释。

资本的价值增值功能和经济表征特征使得其成为地方政府竞相追逐的对象，尤其在中国晋升激励的刺激下，这种地方政府竞争行为表现得更为明显。地方政府竞争的实质是财政对资本的“让利”行为，地方政府企图通过这种政策性的刺激以形成资本的空间集聚。但是，在辖区间存在空间互动的背景下，地方政府竞争是否有效？如果是有效的，那么地方政府竞争是符合标准税收竞争理论所宣称的“逐底竞争”，还是按照新经济地理学的“集聚租”理论而演进？另外，地方政府竞争对资本流动影响的内在机制是什么？地方政府竞争和资本流动双重作用下的整体空间经济地理形态又将如何？这是促使本书进行研究分析的逻辑命题。

本书以新经济地理学相关内容为主体研究基础，同时综合了新制度经济学、公共财政学、新政治经济学等学科的相关研究内容，沿着设定的逻辑思路，以中国2000—2013年267个市级层面的经验数据，实证检验了上述理论命题。

其主体研究内容、研究框架和研究结论大致如下所述：

基于支出法的国内生产总值均衡式，采用"物—资"逆向运动法，我们测算了区域间资本的净流出和净流入，并且基于列表和可视化工具，我们给出了样本区域资本要素空间分布和空间流动的排行及可视化地图。本书同时展示了样本区域的平均财政支出水平、平均税负水平以及经济重心和人口重心空间移动的排行和可视化地图。样本研究数据显示出我国区域存在着明显的资本流动的"卢卡斯悖论"现象，即东部发达区域和区域省会城市往往成为资本要素的净流入地区，而欠发达区域呈现出资本逃离倾向。

基于地方政府竞争对资本流动有效性的分析表明，低税负水平有利于资本要素的流入，而税负水平较高的区域资本流出较为明显。同时，无论是基于税收维度还是财政支出维度，地方政府竞争都表现出一定的客观限制性，即地方政府竞争对资本流动的吸引力存在着"天花板"效应。

地方政府竞争之所以会对资本产生刺激作用，原因在于无论是财政支出层面的竞争还是税收层面的竞争，都部分地减少了企业的必要成本支出，是一种地方政府财政对资本的"让利"行为。运用空间计量分析方法，本书实证分析了地方政府竞争对资本流动及其空间配置效率的影响，研究结果表明地方政府税收竞争提升了区域资本的配置效率，而地方政府财政支出竞争是低效甚至是无效的。

地方政府竞争和资本流动都会对区域经济空间产生影响，地方政府竞争对资本流动又具有调节效应。在本书的最后，我们实证分析了地方政府竞争、资本流动及其交互作用对区域经济空间均衡的影响。研究表明，地方政府税收竞争和地方政府财政支出竞争均促进了区域经济的空间均衡，资本流动扩大了区域经济的空间非均衡，地方政府竞争对资本流动的调节效应有利于区域经济的空间均衡。

最后，通过以上的逻辑演绎和实证分析，本书得出几点政策启示，主要包括：应当辩证地看待我国的地方政府竞争，地方政府竞争并非是贬义的，对于泛利性政府而言，地方政府竞争对推动我国的区域经济增长和基础设施完善具有重要意义；资本会流向收益最高的地方，现代市场经济条件下，地方政府对资本要素的空间竞争应该更多地在市场经济的框架内进行；地方政府税收竞争和地方政府财政支出竞争可能具有不同的经济效应，地方政府在制定区域经济激励政策时应该“相机抉择”。

目　录

第一章　绪　论

第一节　问题的提出与研究意义

一、问题的提出

中国的经济改革是一场与危机赛跑的制度重构，并展现在政治、经济和价值三维社会框架下。从政治层面来说，中国实现了从榨取式向广纳式制度的转型；从经济层面来说，中国致力于实现从计划经济向市场经济的推进；从价值层面来说，中国开始从注重经济效率向注重公平正义转变。在上述三维顶层设计下，中国经济维持了长期的高速增长。

盘活经济要素、激发市场潜能是上述三维顶层设计的核心内容，而其两条主线则是对内改革和对外开放。在对内改革方面，其着重表现为打破团体依附惰性和塑造活力个体，而在对外开放方面，资本引入则尤为瞩目。市场化、全球化的经济变革使得中国巨大的经济活力得到空前释放，极大地促进了中国的经济地理变迁。它促进了经济要素的自由流动，刺激了人口向经济繁荣区域迁移，使得经济活动进一步集中。经济集聚形成知识溢出效应、劳动力市场的蓄水池效应和产业关联效应，使得经济活动更有效率，同时使得专业化分工得到加强，新型贸易开始增加。市场机制以及经济一体化使中国出现了人类历史上最大规模、最快速度的人流、物流、资金流、信息流和移民潮，并深刻影响着中国区域经济的发展进程，重新塑造着中国产业结构的空间布局和经济地理形态。

经济学的普世立论基础是“要素的稀缺性”和“理性人”假设，康芒斯

(2013) 和威廉姆森 (2011) 认为稀缺是普遍存在的，并且利益冲突是自然天生的。自计划经济向市场经济转型改革以来，以“竞争性地方政府”为改革突破口，在“政治晋升锦标赛”治理模式和“财政联邦主义”的双重激励下，中国地方政府努力招商引资和进行基础设施建设。在这种背景下，以吸引流动性要素注入的地方政府竞争成为有效手段。在经济转型发展阶段，地方政府在经济增长中发挥着至关重要的作用，地方政府的行为模式和竞争方式在一定程度上影响着全国要素资源的流向。作为一个竞争性主体，强化对要素的空间集聚能力，尤其是增强对资本要素的吸引成为竞争性政府在经济结构转型阶段的内在命题，这种内在命题耦合于中央政府和地方政府的博弈结果，即税收分成，以及内含于政府权力的扩张和效用的增加。而基于新经济地理学的考量，要素禀赋和区位地理分布具有客观上的不均衡性，因此运用政策优势强化对资本要素的吸引成为地方政府发展经济的现实选择。

经济制度不存在于真空中，它们建立在政治制度的基础上，所以还要考虑政治制度的问题。阿西莫格鲁 (2015) 将政治制度分为攫取型政治制度和包容型政治制度，根据我国的经济体制变革，我们将经济制度和政治制度的组合用一个 2×2 矩阵加以描述，具体如表 1－1 所示。

表 1－1　　政治制度和经济制度的组合模式

	经济制度	
政治制度	(包容，市场经济)	(包容，计划经济)
	(攫取，市场经济)	(攫取，计划经济)

一般来说，处于主对角线上类型的国家往往比较稳定，即使不至于坚不可摧。但是，处于反对角线上类型的国家一般来说不太稳定。基于 (包容，计划经济) 和 (攫取，市场经济) 的政治经济制度组合安排会被包容的政治环境或者扩展的市场势力所打破，因为包容型政治制度不仅要求经济自由，还需要公平竞争的环境。在我国由计划经济向市场经济转型的进程中，(攫取，计划经济) 和 (包容，市场经济) 的政治经济制度组合较为明显。前者的典型案例即为工业偏向、城市偏向和区域政策偏向的政府政策实施，而后者的典型案例则可追溯至 1994 年实行分税制改革以后自由市场经济目标的提出和确立。(攫取，市场经

济）和（包容，计划经济）的政治经济制度组合在我国的转型过渡期曾短暂存在过，如改革开放以后至市场经济制度确立以前存在的“官倒”现象和对私营经济的宽松默许政策即为如此。在中国经济快速崛起和增长的过程中，除了市场化改革，中国政府进行的有效政府干预和国家试验被证明是推动中国经济强劲增长的有效配方，其中尤为值得注意的是财政分权和政治集权的激励晋升模式，即地方政府间竞争。

除了制度层面的变革外，政府部门往往更倾向于运用政策手段对流动要素加以吸引，其中较为常见的手段主要是基于财政支出竞争和税收竞争的行为模式。

从国际层面来看，全球化与自由贸易深刻地影响着整个世界，各国政府对资本的管制也在进一步放松，为了吸引人才与资本，各国政府都在税收制度设计和基础设施建设上投入相当大的精力。流动的劳动力要素和流动的资本要素是经济增长的潜在驱动力，因此无论是从国家层面还是从一个国家内部的区域层面来看，提升政府竞争能力、强化区域对要素的吸引和空间集聚能力毫无疑问都是地方政府区域经济发展战略制定的出发点。

财政和税收政策是国家调节宏观经济的重要手段，也是地方政府自治和善治的重要表现。自 2008 年世界金融危机爆发以来，中央政府先后从财政投资激励、税收优惠、优化辖区治理、财税政策的结构性改革等方面实施了多重应对措施，而与此同时，地方政府则推行配套资金投入和相应刺激区域经济发展的对策，以促进产业结构升级和经济增长。在产业结构升级、产业区域转移、城镇化和万众创业、大众创新的大背景下，地方政府纷纷推出了平台扶持和税收优惠政策，由此而演进出我国区域政府之间的财政支出竞争和税收竞争。

中国的地方政府竞争具有典型的“行为联邦制”特征，这使得地方政府拥有相当大的政治和经济上的自由裁量权来刺激资本要素的空间流入，在经济增长彪炳政治晋升的“晋升锦标赛”旗帜的诱导下，地方政府成为最具有改革动力和最具有发展动力的能动主体。伴随着中国经济发展的阶段性特征、“资本—劳动”产出份额的渐进波动以及中国区域经济增长的空间非均衡性，地方政府竞争会对资本的空间流动形成有效激励。

经过近 30 年的高速发展之后，以 2008 年世界金融危机的爆发为标志，中国经济进入“新常态”阶段，着重表现为经济增长中的“三期叠加”特征，即中国经济增长转型进程中出现的从高速到中高速的增长速度换挡期、结构调整阵痛期、前期刺激政策消化期交错现象。图 1－1 给出了 2000—2014 年中国 GDP 总量规模及增长趋势图，从图中我们可以看到 14 年间，中国 GDP 总量从近 10 万亿元增长至约 64 万亿元，增长约为 6.4 倍，在此期间，中国跃升为世界第二大经济体。从 GDP 增长率的折线图中我们可以看出，2000—2007 年中国经济维持了强劲增长特征，但是受外部经济环境冲击，2008 年中国经济增长出现了较大幅度的下跌，虽然强有力的经济刺激政策在短期内促使了经济的有效反弹，但是自 2010 年开始，GDP 增速的平稳回落已经成为内在趋势。

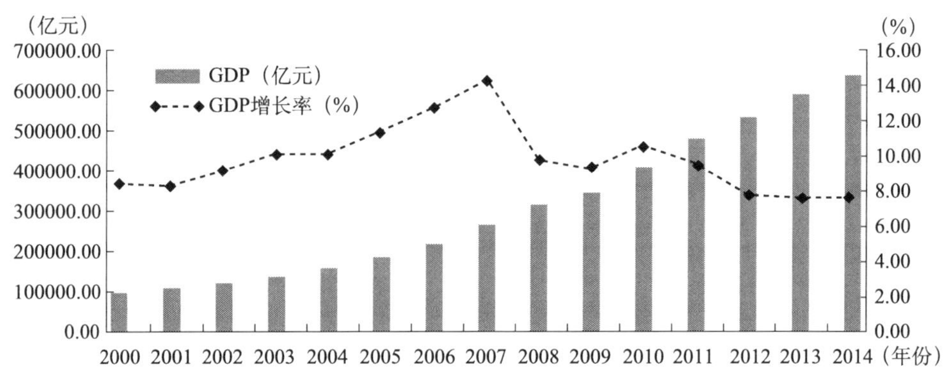

图 1－1 2000—2014 年中国 GDP 总量规模及增长趋势

数据来源：中华人民共和国国家统计局。

在经济增长趋势放缓的背景下，去存量、调结构、提升区域公共服务均等化水平成为当前我国政府发展经济的新思路。在这一思路的引导下，除了税收层面的优惠，地方政府往往还会从优化基础设施建设、建设产业园区、改善制度软环境等层面加强对流动资本要素的吸引。这种思路的实质是促进资本的空间广化。而且，在中央财政转移支付偏斜于中西部和产业转移的大背景下，地方政府有内在激励去追逐资本要素。

资本的高产出份额及资本形成总额对 GDP 的贡献率是地方政府对资本要素竞争的另一个重要推动力。图 1－2 给出了 2000—2014 年中国资本产出份额占 GDP 的比重①及资本形成总额对 GDP 增长贡献率的折线图。从图中可以看出，

① 白重恩，钱震杰．我国资本收入份额影响因素及变化原因分析——基于省际面板数据的研究［J］．清华大学学报（哲学社会科学版），2009，24（4）：137－147.

2000—2014 年中国资本产出份额占 GDP 比重的波动区间为［39.83%，51.69%］，远远高于工业化国家约为 1/3 的产出份额，这也说明我国是资本要素相对稀缺的国家。同时，从折线图中可以看出，2000—2014 年资本形成总额对经济增长的拉动最低也在 20% 以上，这说明资本形成总额对中国 GDP 增长的贡献率甚为重要。由此可见，资本要素是推动经济增长的核心要素。

但是，一个不可否认的事实是，我国资本要素分布是空间非均衡的，受政府政策和经济地理因素的制约，目前已基本形成了资本空间分布的“核心—外围”结构，其中东部区域及少数工业制造能力较强的中部省份占据了资本要素的绝大部分，而西部区域及大部分中部省份资本要素占有量较少。因此，资本要素的空间分布不均及资本要素对经济增长的强劲带动作用是地方政府对资本要素竞争的巨大推动力。

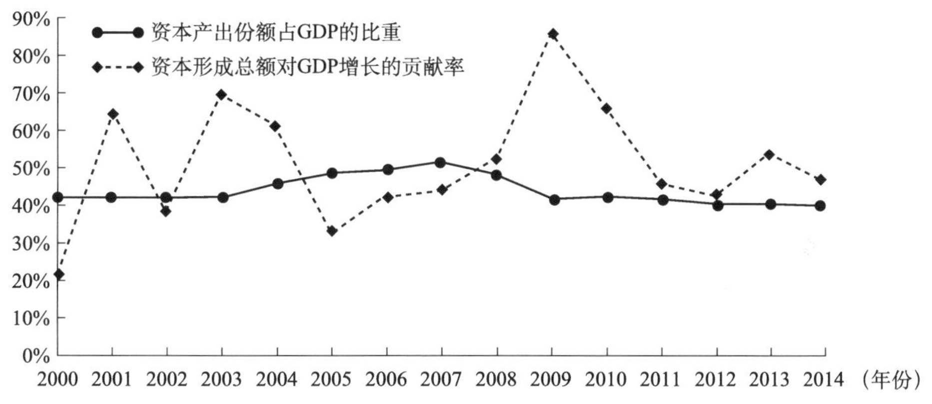

图 1-2 中国 2000—2014 年资本产出份额及其对 GDP 的贡献

数据来源：历年《中国统计年鉴》。

长期以来，中国区域经济发展非协同，东、中、西部区域在经济发展水平、就业机会、社会公共福利供给上存在巨大落差。区域经济发展的空间非均衡性内在地强化欠发达区域去追逐资本要素以弥补区域经济发展差距。图 1-3 分别给出了 2001、2005、2009、2013 各年份我国东、中、西区域 GDP 占比份额①。

① 参见中国国家统计局划分标准（2003），东部区域包括北京市、天津市、河北省、辽宁省、上海市、江苏省、浙江省、福建省、山东省、广东省、海南省、广西壮族自治区，中部区域包括山西省、吉林省、黑龙江、安徽省、江西省、河南省、湖北省、湖南省、内蒙古自治区，西部区域包括重庆市、四川省、贵州省、云南省、西藏自治区、陕西省、甘肃省、青海省、宁夏回族自治区、新疆维吾尔自治区。

从图中可以看出，我国中、西部区域所占 GDP 的份额经历了“先降后升”的过程，但是总体看来，GDP 占比极度不均衡，中、西部区域 20 余省域 GDP 之和约占 40%，而东部 12 省域 GDP 占比则约为 60%。而与此形成鲜明对比的则是，中、西部区域人口占比约为 60%，东部区域人口占比仅约为 40%[①]。在晋升激励下，区域经济发展的非均衡性促使地方政府对资本要素展开争夺。

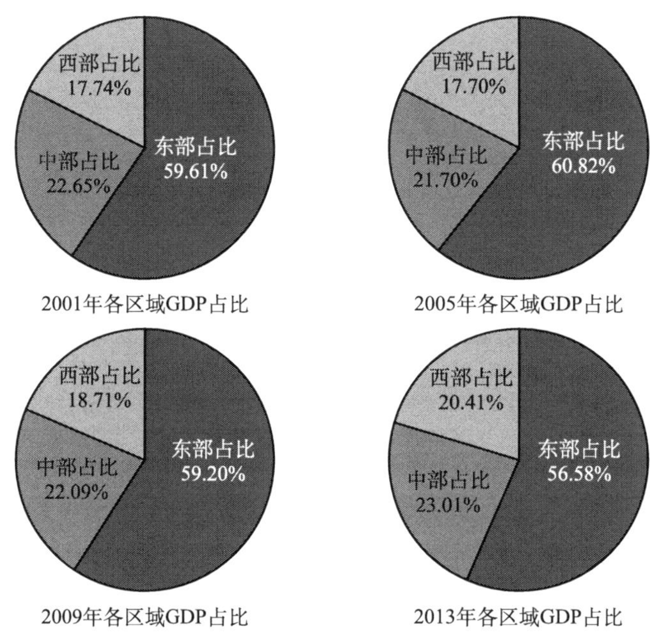

图 1-3　样本年限内中国东、中、西部区域 GDP 占比

数据来源：中华人民共和国国家统计局。

标准税收竞争理论认为地方政府竞争会促使市场分割和区域税率的下行，导致区域公共服务供给不足，进而危及经济的可持续增长。而这显然不足以解释“行为联邦制”下中国经济的高增长之“谜”。张五常（2009）、Laffont 和 Qian（1999）、周业安（2014）等学者从理论和实证层面验证了地方政府竞争对中国经济增长的推动作用。但是，地方政府竞争强化对资本要素吸引的手段既包括财政支出，也包括税收优惠，由于区域经济地理、资源禀赋的差异，以及企业之间的异质性，其作用效果可能是不一样的，因此其对资本要素的吸引能力也是不同

① 相关数据来源于中国国家统计局网站，并经作者手工计算得出。

的，这就引起了关于地方政府竞争手段和竞争方式的问题的讨论，地方政府财政支出竞争和地方政府税收竞争哪一个是更有效的？地方政府的财政支出竞争和税收竞争是否存在天花板效应？这是我们关注的第一个问题。

在以往的研究中，多数学者提到资本流动对于地方政府竞争的敏感性（William Easterly，2005；邵明伟和钟军委等，2015；王凤荣和苗妙，2015），但是他们的研究只是从实证层面验证了地方政府竞争对资本流动的影响，而对于其作用机制和作用途径缺乏深入的探讨。现代市场经济条件下，地方政府竞争对资本流动的影响更多的是在市场经济的框架范围内进行，即地方政府较少运用行政命令来对要素进行配置，而是通过财政政策和税收手段调控资本的运动，它并没有改变资本追逐利益的客观属性。资本的空间配置效率是影响资本空间流向的最重要因素，而无论是财政支出层面的地方政府竞争，还是地方政府税收竞争，其都有利于企业减少成本支出。但是差异往往在于某些区域企业空间集聚（或者说是资本要素集聚）的能力不强，往往造成地方政府财政支出得不到有效的弥补，这就可能会引致资本空间配置效率低下。某些区域基础设施老化，而企业又不大可能对基础设施进行改造和扩建。受制于外部空间关联，此时地方政府的税收刺激则很难促使企业扩大再生产。这就引出了本书关注的第二个问题，地方政府财政支出竞争和地方政府税收竞争是否提升了资本的空间配置效率。

促进区域经济的空间均衡是实现经济发展成果全民共享的关键，以吸引资本要素为目标的地方政府竞争必然会重塑区域经济地理。地方政府竞争对区域经济增长的影响是多层次的，地方政府往往会优先考虑交通基建等基础设施投资以吸引外部资本，以产业园区强化本区域的资本创造能力，也会给予企业税收上的优惠，但是竞争往往是互动的，而资本流动又是市场自发行为，那么这就引出本书关注的第三个重要问题：地方政府竞争和资本流动是否有利于区域经济的空间均衡？在促进区域经济空间均衡中，地方政府竞争对区域资本流动具有怎样的调节作用？以上是本书研究的理论和现实经验背景。

二、研究意义

（一）理论意义

空间集聚和要素流动是塑造经济空间结构力量的关键因素，也是产业均值回复和地区产业增长离散的决定力量。因此，对相关问题的探讨是区域经济学的理论热点。而以中国转型期为现实背景，基于地方政府竞争和资本流动的双重视角探讨其对区域经济增长的影响成为当前我国区域经济学、发展经济学、制度经济学、公共经济学等学科的交叉研究重点。而现有研究中仍然有需要进一步补充和完善的地方，也存在着一些尚未触及的研究主题。

首先，现有关于地方政府竞争与区域经济增长的研究大多基于税收竞争层面（Anderson 和 Forslid，2003；Baldwin 和 Okubo，2006；沈坤荣和付文林，2006；李涛和黄纯纯等，2011），对区域间财政支出竞争则较少涉及。而将政府竞争的两种经典模式同时纳入同一分析框架的研究则更为稀少。

其次，现有对政府竞争与区域经济增长关系的研究大多是宏观层面的计量经济分析，比如 Romano（2015）运用 138 个国家 2009—2013 年的季度数据研究了政府竞争的宏观经济效应，钱学锋和黄玖立（2012）、王永培和晏维龙（2014）运用企业层面的微观数据研究了区域空间集聚的避税效应，邵明伟和钟军委（2015）运用省级层面数据研究了空间集聚和区域间政府税收竞争的内生性关系，朱平芳和张征宇（2011）则运用中国市级层面样本检验了地方政府环境规制"逐底竞赛"下的 FDI 竞争。而政府竞争的主要目标即为强化区域对流动要素的吸引能力，但上述关于政府竞争与区域经济增长的经典文献缺乏对要素流动这一"黑匣子"的深刻探讨。

最后，现代经济条件下资本流动是市场行为，并对地方政府竞争产生的让利空间产生一定的敏感性，即地方政府竞争会对资本流动产生一定的调节效应。但是现有研究对此较少涉及和探讨。

（二）现实意义

在地区间或国际上，空间经济活动充满金钱外部性（Fujita 和 Thessis，2002）。由于要素禀赋、市场潜能、要素资源边际报酬的差异，资本和劳动力等生产要素会逐利迁移。按照缪尔达尔和赫希曼的理论，资本和劳动力要素流动、产业分工和区际贸易会形成极化效应和涓滴效应，对区域发展格局演进产生影响。而地方政府竞争，无论是税收竞争还是财政支出竞争，都深刻影响着区域要素资源的流动方向和流动格局。

我国区域面积广大，资源禀赋和经济地理差异明显，从经济发展的时空关系上显著表现为“政治向东、市场向西”（余壮雄和杨扬，2014），由要素市场和产品市场流动而引起的经济联系日益密切。区际经济联系强度反映了区域经济活力，并影响着区域要素的流动方向和边际回报率。在政府竞争背景下，作为以营利为目的的资本要素会受到外部环境的刺激而理性选择生产的区位空间。因此，地方政府会在基础设施建设上积极投资，并在税收优惠上给予最大程度的让步，只要这种让步没有突破地方政府预算收入的必要底线。

现实生活中的地方政府竞争表现在，为鼓励产业发展和吸引要素资源，我国自上而下的层级治理机构普遍存在着税收优惠政策。例如，为促进西部大开发，中央政府于2011年制定了新一轮的西部大开发的税收优惠政策；为促进女性就业，陕西铜川于2011年出台相关规定对女性就业比重超过40%的企业给予减免税优惠；为保护环境、限制污染产业发展，河北省政府于2013年推出了“三免三减半”的支持环保的企业税收优惠政策；为缓解民营资本融资困难，促进中小企业的健康发展，宁夏回族自治区政府于2013年出台相关条例规定免征符合条件的信贷机构的营业税；上海、深圳、天津等多地区亦存在着税收减免和税收返还政策，可见税收竞争已经成为我国区域政府吸引流动要素的“潜规则”。地方政府财政支出竞争则着重表现在地方政府财政支出规模以及财政支出结构偏向上，为强化对资本要素的吸引，地方政府往往会通过转移支付或者债务融资的手段增强财政可支配能力，并在财政支出上更倾向于交通基建等资本性支出。而且随着经济的发展，各地区也多在医疗、卫生、教育、基建等软实力和硬环境上展开竞争，以吸引优质资源落户。

当前，我国处于市场经济的转型期、产业结构的升级期，地方政府竞争有其客观必然性。然而如同“一刀切”的清理税收优惠政策不可取一样，如果地方政府单以税收竞争和财政支出竞争强化经济，而忽视了竞争的方向和内容，则可能会给地方政府带来新的财政负担，甚至于弱化地方政府公共服务供给能力和服务水平，因此本书分析了地方政府竞争下的资本流动及其空间配置效率。总之，在城镇化以及结构性减税的背景下，本书的研究对于明晰要素流动下的地方政府竞争的有效性具有较强的现实意义。

第二节 研究内容与研究框架

一、研究内容

基于新经济地理学的研究框架，本书研究了资本流动条件下地方政府竞争对于区域经济地理的影响，涵盖八个章节的内容，简述如下：

第一章，绪论。本章主要给出了本书的研究背景、研究意义以及研究内容，并对全书的逻辑演进和思路框架做出说明。

第二章，文献综述。本章主要对经典和前沿文献进行研究梳理，评析其研究贡献、挖掘研究空白。

第三章，地方政府竞争与资本跨区域流动：理论机制分析。首先，对地方政府竞争、资本流动的概念和测度方法加以说明；其次，在新古典经济学和新经济地理学理论的基础上，运用图形可视化与数理推导方法研究地方政府竞争对资本流动的有效性及其作用机理；最后，进一步探讨了资本流动对区域经济空间均衡的作用关系。

第四章，地方政府竞争下的区域经济活动：空间特征与现实描述。本章是对研究对象的现实描述，基于列表和空间可视化方法给出了我国地方政府竞争、资本流动的空间特征，并描述了我国区域经济活动的空间分布和演化特征。

第五章，地方政府竞争对资本流动的有效性分析。经济激励和资本流动具有相互影响的内生关系。以新经济地理学“核心—外围”思想和公共财政学“Tiebout 地方政府竞争”理论为基础，运用联立方程模型，本章实证分析地方政府竞争和区域间资本流动的内生关系。

第六章，地方政府竞争、资本流动及其空间配置效率。基于空间动态面板模型，以 2000—2013 年中国地级层面数据为样本，本章实证分析地方政府税收竞争和财政支出竞争对资本流动及其空间配置效率的影响。

第七章，地方政府竞争、资本流动与区域经济的空间均衡。本章实证检验了地方政府竞争、资本流动及其交叉调节作用对中国区域经济空间均衡的影响。

第八章，研究结论与政策启示。本章概括全书并得出主要研究发现，在此基础之上提出解决问题的可行性对策。

二、研究逻辑

地方政府竞争和资本流动是全书研究的两个核心关键词，立足于社会现实背景，全书在“提出问题—分析问题—解决问题”这一思路的引导下，层层推进、深入分析地方政府竞争对资本流动的有效性，深入发问：其内在机制是什么？而这又会引致怎样的区域经济地理形态？

现代市场经济条件下，资本流动是自发性的市场行为，以追逐利益为目标，但是地方政府通过竞争这一“让利”行为，在一定程度上弥补了企业的一部分必要支出，因而其会对资本要素产生激励作用。反过来，资本要素的跨区域流动和空间非均衡分布也会刺激地方政府竞争，因为从某种程度上来说，资本要素表征着区域经济发展程度、居民福利水平以及辖区治理水平。同时，两者又共同塑造着区域经济地理形态，抑或拉大或者缩小区域间经济发展差距。图 1 –4 给出了研究主题之间的互动作用关系。

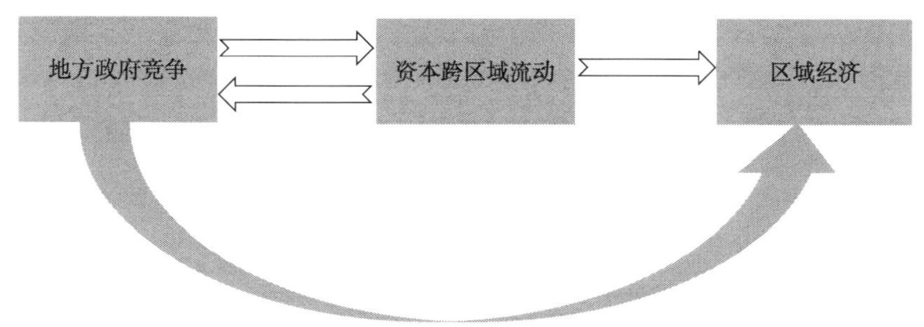

图 1 –4 研究过程和研究逻辑示意图

三、技术路线

图 1 –5 给出了本书研究的技术路线与研究思路框架，从图中可以看出本书的研究步骤依次是：文献研究→经验事实→作用机制→实证研究→结论与启示，研究步骤层层推进，这也是学术研究的经典步骤范式；与研究步骤相呼应，本书

的研究思路可以概括为：提出研究背景、追踪研究前沿→基于经验分析的现实考察→构建学理支撑→实证研究分析（即主要论证是什么、为什么、怎么样的问题）→给出相应的研究结论并提出思考启示。清晰的研究思路是验证理论猜想的核心，也是保证研究顺利进行的关键；研究内容是研究思路的具体化，与研究步骤和研究思路相对应，我们在研究内容部分列出了每一章节所应做的具体工作。本书研究内容的核心是根据中国的地方政府竞争与资本的跨区域流动提出研究问题、查找研究空白、论证理论猜想。一般而言，经济学问题的构建并非是空中楼阁，其研究对象来源于对现实生活的观察。因此，提出研究问题，并科学有效地论证猜想是研究内容部分的主体；研究方法是论证研究命题的工具，在本书的分析中，我们综合运用了文献研究、比较研究、基本数理推理、空间可视化，以及计量经济学中的 GMM 估计、空间计量估计等多种分析方法，以为推进研究的顺利进行提供理论和实证研究支持。

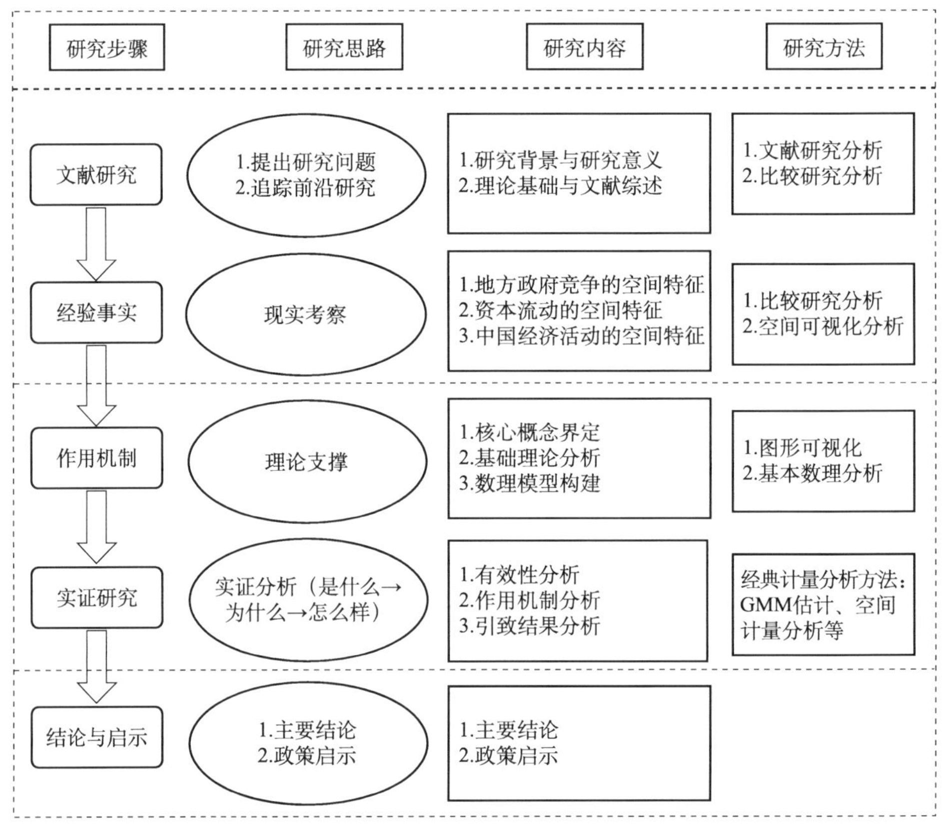

图 1-5　技术路线与研究思路框架

第三节 研究方法

本书采用定性分析和定量分析、理论研究和实证研究相结合的研究方法。其中理论研究部分拟采用文献研究、比较研究、数理分析等研究方法；实证研究部分则采用 IV 估计、GMM 估计以及空间计量经济分析方法。各研究方法在本书的大致应用情况如下：

一、理论研究：文献研究、比较研究

文献研究主要体现在第二章的文献综述部分，通过对经典文献的梳理找到经验研究的理论支撑点，同时通过对前沿文献的研读挖掘研究的潜力和方向。

比较研究同时体现在第二章的文献综述、第三章的作用机制分析以及第四章的现象描述中，如第二章的标准竞争理论和新经济地理理论的对比分析、经典资本流动理论和资本流动的“卢卡斯悖论”的对比分析；第三章中新古典经济学和新经济地理学关于资本边际报酬递减规律的认识；第四章的地方政府竞争和经济活动的空间对比等内容。上述内容皆运用了比较分析方法。

二、经验研究：GMM 估计、空间计量经济模型

本书的经验研究是以我国市级层面样本数据为基础，同时辅之以必要的省级层面样本数据分析，以计量经济分析方法为主。GMM 估计和空间计量经济模型是本书运用的主要分析方法，主要原因在于 GMM 估计方法能够较好地处理内生性问题，而空间计量经济学则是现代计量经济学较为前沿的研究方法。

GMM 估计方法是动态回归模型的常用估计方法，也常常运用于变量间的内生关系分析中。第五章和第七章的回归分析较为明显地运用了 GMM 回归分析方法。

空间计量回归模型是现代计量经济分析方法运用的热点。因此，除了基于

GIS 空间可视化的运用，我们同样运用了空间计量分析方法以处理空间的交互和溢出效应。这主要体现在第六章关于地方政府竞争、资本流动及其空间配置效率的分析中。

OLS 估计和 IV 估计是计量经济模型中经常用到的回归分析方法，在对模型的甄别筛选和回归分析中我们同时运用了 OLS 估计和 IV 估计方法，只是限于篇幅，并经过甄别对比，本书并未列出相应的回归结果，而只是以实验性的方式给予了舍弃。

第四节　创新之处与研究不足

一、创新之处

与现有的关于地方政府竞争对于区域经济影响的文献对比，本书的创新点主要包括：

第一，展示了当前关于地方政府竞争、资本流动和中国区域经济活动的空间分布特征和空间演进趋势。从基于列表和 Arcgis10 的可视化图层中可以看出，我国东部沿海发达区域和中西部的资源型城市属于平均税负水平较高的区域，受困于“吃饭财政”，中西部区域的平均财政支出水平要高于东部沿海区域；我国资本存量分布自东向西逐次递减，但资本回报率呈现出东、西部区域高，中部区域低的态势；我国区域经济活力依然呈现出“东强西弱”的格局，但是沿着“京广线”和“京九线”区域，中部区域经济势力有崛起迹象。同时，从经济重心和人口重心演变的可视化路径中可以看出，我国区域经济重心“西移”特征明显，而人口分布重心则向“东南”方向偏移。

第二，从地方政府税收竞争和地方政府财政支出竞争双重范式研究其对区域间资本流动和区域经济空间均衡的影响，并且比较分析了两者的作用效果，研究视角较为完整。以往的关于地方政府竞争的研究往往倾向于税收竞争层面，而对地方政府财政支出竞争的研究则较少。本书将税收竞争和财政支出竞争纳入统一的研究框架，并对比分析其对资本要素流动的影响效果。

第三，已有的文献研究大多是“地方政府竞争→空间经济”这样一种分析范式，忽略了地方政府竞争对空间经济影响的作用机制。摒弃这种“原因—结果”的分析范式，我们将“资本流入”这一关键因素引入其中，形成“地方政府竞争→资本流动→空间经济”的完整的分析链条，并且打开了地方政府竞争影响资本流动的“黑匣子”——资本配置效率。研究表明，由于传导机制不同，地方政府税收竞争有利于提升资本配置效率，地方政府财政支出竞争是低效甚至是无效的。

第四，打破了大众对于地方政府竞争的传统认知，得出地方政府税收竞争有利于提升资本的空间配置效率，有利于推进区域经济的空间均衡。虽然地方政府竞争对于中国经济增长的影响是不言而喻的，但是关于是否应该对地方政府“限权”的声音也甚嚣尘上，除了出于政治层面地方政府易“尾大不掉”的原因，经济层面的原因也不容忽视，如在当前财政分权背景下，地方政府会通过地方政府债务、平台融资、地方保护等方式掠夺经济资源，甚至损害中央政府的信誉背书。本书的研究表明，我国的地方政府竞争并不符合标准地方政府竞争理论，地方政府存在着某种既定的约束和限制。而且地方政府的税收竞争确实是有利于吸引外部资本要素的。

二、研究不足

受限于理论学识和积累，本书的研究仍然有值得进一步改进和弥补的不足之处。而其主要凸显为指标数据的选取和衡量。

关于地方政府竞争：本书从财政支出和税收收入两个维度衡量地方政府竞争。对于财政支出视角下的地方政府竞争，参考郭庆旺和贾俊雪（2009）、李涛和周业安（2009）、邓明（2013）等学者的指标设定，我们以地方政府公共财政支出总额占 GDP 的比重来表示；对于税收收入视角下的地方政府竞争，与沈坤荣和付文林（2006）、范子英和田彬彬（2013）、龙小宁等（2014）等类似，我们以地方政府税收收入总额占 GDP 的比重来表示。同时，一类反映地方政府竞争的新指标体系逐渐兴起，即以（地方政府税收收入占全国税收收入的比重）/（地方 GDP 占全国 GDP 的比重）、（地方政府公共财政支出占全国公共财政支出的比重）/（地方 GDP 占全国 GDP 的比重）分别表示地方政府税收竞争和地方政府财政支出竞争。对此两种衡量地方政府竞争的指标，书中均有涉及。但是地方政府竞争是一个关乎于制度、经济、文化、环境等层面的综合概念，上述指标设定虽有一定的合理性，但还是不免刍议。

关于资本流动：资本流动是区域经济研究的一个核心概念，但是受限于数据来源，以往的研究往往更倾向于理论分析，本书的研究采用了郭金龙和王宏伟（2003）①、王小鲁和樊纲（2004）② 的研究范式，以“物—资”逆向运动方法估算区域间资本流向，即根据国内生产总值恒等式来测算区域间资本流动。很明显，这种测算方法属于估算，会与资本的实际空间流向存在一定的偏差。

关于空间邻接权重：在运用空间计量的实证检验部分，本书选取了空间一阶邻接权重矩阵、直线距离权重矩阵和经济距离权重矩阵，空间权重矩阵选取具有一定的代表性，但是更为经典和确切的是选用铁路距离矩阵，但受限于有的城市两两之间并未有直达火车相通行，因此我们弃选了此种权重矩阵。

第五节　本章小结

经济学是显学，但是又有着哲学的思辨模式。经济学的“经国济世”思想使得经济学研究关注人类经济社会发展中最为核心的资源配置问题，而新经济地理学将空间维度纳入经典经济学中，使得经济学研究更贴近于实际，而不仅仅是高悬的“后院资本主义”③ 状态。

本章的核心内容是制定了一份完整的研究框架及研究路线图。首先，我们从理论和现实角度给出了本书的研究背景和研究意义，明晰了研究的主体和方向。其次，我们确定了本书的研究内容、研究方法、研究框架，列出了研究的技术路线图。最后，我们给出了本书研究预期的创新之处和研究不足。

---

① 郭金龙，王宏伟．中国区域间资本流动与区域经济差距研究［J］．管理世界，2003（7）：45－58.

② 王小鲁，樊纲．中国地区差距的变动趋势和影响因素［J］．经济研究，2004（1）：33－44.

③ “后院资本主义”原是指，作为美国的“后院”，拉美经济发展对美国经济具有强烈的依赖性质，缺乏独立发展资本经济的能力，引申至此处暗指经典经济学缺乏“空间”这一最现实经济要素的支撑。

第二章 文献综述

第一节 引言

经济结果往往关乎于政治行为。历史经验告诉我们，中国的改革往往是从底层触动的，经地方实践成功然后上升至国家顶层设计，在包容型社会发展模式框架下，这种改革往往与社会发展形成良性互动。自 1978 年以来，中国在向市场经济转型和现代国家治理转变的进程中，经济改革和政治改革往往交织进行，并且相互推进。探寻 1994 年中国分税制改革的渊源和起点，其设计初衷是为强化中央财政治理不足和调动地方政府经济发展的积极性，进而兼顾公平与效率的统一。但是，分税制的一个显著的结果即是形成了辖区治理的空间竞争现象，这种竞争既有制度层面的，又有政治晋升和经济发展层面的，而且在“经济成功彪炳政治晋升”旗帜的诱导下，以争夺流动资本要素为主体的辖区经济竞争是地方政府竞争的典型范式。

市场经济条件下，经济活动具有不可分割性，任何生产活动总与其他经济活动相联系，并且以一定的空间为载体。联系代表了由要素流所构成的空间互动关系，现代新经济地理学研究认为“流要素”代表了区域经济的活力和竞争力，而区域或者说城市，作为“流要素”的节点，其经济能力和经济权利着重表现为其对要素的吸引和控制能力。长期以来，由于主流经济学理论对空间维度的忽视，所以资本的空间流动并未引起应有的重视，这种状况一直持续到新经济地理学的出现才有所改观。从理论上来说，资本流动是一种市场自发行为，其只为追逐利益最大化，或者说资本所有者在作出资本跨区域决策时其只关心其他区域的资本收益是否高出本区域。但是，这种情况在凯恩斯主义政府干预经济和市场自发的集聚经济条件下并不适用，尤其在中国这种大国非均质区域经济和政府主导型经济背景下，政府行为对资本要素流向的引导作用不可忽视。

公共选择理论和新经济地理理论为研究政府竞争行为与资本的空间流动提供了研究基石，而且在现代市场经济条件下，没有任何经济理论能够回避政府在经济发展和区域规划中的关键角色和地位。同时，为论证充分，本书还借鉴了新马克思主义理论、新经济地理学研究的相关内容。

本章主要是基于文献搜索的定性研究，主要对地方政府竞争、资本流动及其对区域经济的影响进行理论前沿梳理和评述。本部分结构安排如下：第二节为关于“中国式财政分权”与地方政府竞争的研究，主要对地方政府间的竞争机制、财政分权与地方政府竞争关系、地方政府竞争的竞争方式与策略选择、地方政府“逐底竞争”的存在性进行文献梳理与回顾；第三节为关于地方政府竞争对资本流动的影响研究，主要从地方政府竞争影响资本流动的机制、地方政府竞争与资本流动的关系、地方政府竞争对资本空间配置效率的影响这三个方面进行文献梳理与回顾；第四节为地方政府竞争、资本流动对区域经济影响的研究，主要从地方政府竞争、资本流动与区域经济增长的关系和地方政府竞争、资本流动与区域经济空间均衡的关系两个维度进行文献梳理与回顾；第五节为研究述评。

第二节　关于“中国式财政分权”与地方政府竞争的研究

经济要素会对外部刺激作出反应，这反过来又会作用于宏观经济表现。随着新制度经济学和公共选择理论的兴起，越来越多的经济研究开始探查宏观经济表现下的个体微观选择。从“蒂伯特模型”到“中国式财政联邦主义”，地方政府竞争行为贯穿于现代政治、经济研究的主进程。

一、地方政府竞争机制的文献回顾

（一）Tiebout 公共选择理论

Tiebout 公共选择理论提出了这样一个现实假说，即在要素自由流动的市场经济条件下，居民会以“用脚投票”的方式离开那些税负过高或者不能满足其公共产品需要的地区，而选择到其他地区工作或者生活，该地区能够提供他们认为是最优的公共服务和税收组合。

Samuelson（1955）和 Musgrave（1959）认为公共资源的空间配置无法通过市场的形式有效规避免费乘车者，因为私人消费市场上的真实偏好选择理论不再适用于公共产品供给层面。即出于“显示性偏误”① 原因，公共产品的供给不存在“市场解”，而只能由政府来提供公共产品和服务。

但 Tiebout（1956）认为上述分析只适用于中央政府财政支出，而对于地方财政支出则是无意义的。因为在要素自由流动条件下，要素的空间选择显示了其自身的效用大小和偏好。同时由于经济地理差异，各地方政府的财政支出和税收组合模式也不尽相同，这给予了要素自由空间多重选择的权利。

Tiebout（1956）自由选择理论对资本自由流动背景下地方政府的启示是：（1）自由市场经济条件下，资本具有“用脚投票”的权利，合理的财政支出和税收组合是吸引资本流动的关键。（2）地方政府对于流动要素的竞争可能是效率增进的，也可能是低效甚至无效的，但总体而言其是有利于资本要素配置效率的“帕累托改进”。

（二）财政分权理论

财政分权又被称为“财政联邦主义”，是指在财权和事权相对称的原则下，给予地方政府一定的财政职责范围和税收收入权利。Oates（1972）在其著作《财政联邦主义》一书中提出，相较于中央政府，地方政府在区域公共服务供给层面将更为有效。因为在信息非对称条件下，中央政府无法对辖区居民偏好进行

---

① “显示性偏误”即为在公共产品的供给中，居民为规避税收负担，会隐藏其真实的偏好。

细分，而地方政府则更为熟知辖区居民诉求。

Qian 和 Weingast 等（1999）发展了财政分权理论，他们认为 Oates（1972）的财政分权理论只是基于信息对称角度说明了财政分权的必要性，而缺乏对制度因素的探讨。他们认为地方政府有自身的利益诉求，这种利益诉求偏离了辖区居民公共服务供给最大化的目标，因此地方政府可能是“利维坦”式的①，在辖区经济发展中往往伸出攫取之手。财政分权有助于形成一种“市场保护型”的联邦制，促进政府追求与居民福利的激励相容。

财政分权理论暗涵了地方政府为吸引流动要素而进行的横向竞争。在财政分权理论中，地方政府作为一个独立的利益实体有其利益目标，但是其又要考量辖区居民的税收负担能力，在要素自由流动条件下，地方政府会围绕着资本要素的空间流向而展开竞争。

（三）新经济地理学理论

新经济地理学的核心即是讨论集聚和要素的空间扩散，该理论认为区域经济的发展是从“第一自然”的再发现到“第二自然”的再改造这样一个动态的过程，在这个改造过程中，区域经济分化为“核心”区域和“外围”区域。

新经济地理学理论认为区域经济是块状经济，生产活动和要素集聚在核心区域，相应的收益由核心区域政府获取，而外围区域较低频次和较小规模的经济交易无法产生足额的税收，因此辖区政府间存在经济利益冲突。

区域经济的空间非均衡是上述辖区经济利益冲突的角力点，而循环累积因果关系与贫困积累下的路径依赖则可能固化这种非均衡格局，使得经济活动格局或者路径被牢牢锁定。而改变这种非均衡格局的路径依赖则在于强有力的外生冲击，如政府干预。林毅夫（2014）在新结构经济学中提出的一个观点是，经济政策不一定有效，但是经济上成功的国家大多有制定了良好的经济政策。在政府主导市场经济的条件下，地方政府招商引资和有规划的兴建工业园区凸显了中国地方政府的经济政策和空间竞争策略。

---

① 尼斯坎南（1971）和布坎南（1972）等认为政府作为一个“官僚”经济实体，其对权利、财政支出和税收收入的追求是无穷尽的，因此类似于怪兽“Leviathan”。

二、财政分权与地方政府竞争关系的文献回顾

财政分权理论源自于 Tiebout（1956）的“用脚投票”思想，Musgrave（1959）和 Oates（1972）等公共经济学家对该理论进行了发展和补充。他们认为地方政府分散化的公共服务供给将有利于居民福利的帕累托改进，某种程度上证明了地方政府存在的合理性和财政分权的必要性。Qian 和 Weingast（1997）、Wildasin（1998）将“激励相容”引入了经典财政分权理论框架，他们认为和职业经理人类似，作为微观主体的地方政府和地方政府官员皆是市场活动的理性人，以追求利益最大化为其目标，因此辖区地方政府竞争有利于形成一种“市场保护型的财政联邦主义”。

财政分权意味着一定范围内地方政府经济上的自主权力，这种自主权力将导致地方政府竞争（Alesina 和 Spolaore，1997）。由于生产力发展水平的不同和经济地理的空间差异，区域间的税收差异是必然的，这进而会引致要素流向的空间不均等。Hirschman（1970）认为正如企业间的竞争将减少其超额利润，地方政府竞争将减少其政治租金，这主要通过“退出—发声”机制进行。退出机制主要表现为移民或者资产转移，发声机制主要表现为政治游说和上街游行以要求降低税率。Peralta 和 Ypersele（2006）基于不同辖区规模的政府治理研究表明，规模较小的辖区往往更倾向于以低税收和高市场开放度来提升经济活力，而规模较大的辖区则倾向于使用高税收来保护国内企业和防止资本外流。Carbonnier（2013）基于理论和实证层面研究了对称地方政府下的分权和税收竞争问题，研究表明：税收竞争构成了财政分权的成本，相较于税收协调，税收竞争将引致低税率和公共服务支出不足，进而他认为完全的财政分权是次优的。

中国财政分权始于 1994 年分税制财政体制改革，分税制财政体制改革打破了以往的“中央授权”模式，地方政府的微观主体地位凸显，“经济赋权”成为地方政府努力发展经济和展开辖区竞争的关键所在。

张军（2005）和周黎安（2007）认为社会转型与经济增长之间的正面关系应该是由政治改革优先于经济改革以及尽可能快地实现大规模的私有化所决定

的，财政分权从经济上明确了多层级的辖区政府的自主性，激励地方政府产生了“为增长而竞争的治理模式”。傅勇和张晏（2007）认为经济分权和垂直的政治管理体制是造就地方政府“标尺竞争”的重要原因，因为在晋升激励下，地方官员的政治升迁与区域经济增长绩效紧密相关。同时，作为为增长而竞争的代价，财政分权严重扭曲了地方政府的公共支出结构，使得地方政府重基建而轻人力资本投资和公共服务建设。

财政分权对地方政府竞争行为的影响是多方面的，包含经济行为竞争和制度软环境的竞争，但是其最终目的却是明确的，即强化对资本这一流动性较强的稀缺要素的吸引。

以中国各区域对 FDI 的竞争为例，王文剑和仉建涛等（2007）的研究表明东部地区的地方政府竞争是一种全方位、多层次的竞争，暗含政府购买、税收优惠、增投国有经济等手段，中、西部地区则在税收优惠和财政支出方面对资本流入效果明显。邓慧慧和桑百川（2015）研究了财政分权框架下环境规制对地方政府 FDI 竞争的影响，他们的研究表明财政分权下的地方政府竞争是吸引资本流入的一项重要因素，但是环境成本并不是决定 FDI 区位选择的主要决定因素，为吸引 FDI 资本流入，中国地方政府环境规制存在着“竞次”行为。地方政府竞争行为是客观存在的，财政分权给予了地方政府更多的辖区自主权力，把经济上的空间竞争具化为政府主体，成为政府主导下的辖区竞争行为。

三、地方政府竞争的竞争方式与策略选择的文献回顾

资本要素是稀缺的，竞争是相互的。新经济地理学认为地方政府竞争必然引致资本的空间流动，而在行政分割的辖区治理模式下，资本分布的空间不均衡也会影响到地方政府竞争。在地方政府竞争中，当单个地区政府对企业或者要素开出财政扶持或者税收优惠清单之后，周边区域政府会对这种竞争行为作出特定的预期和评估，甚至可能以相同的竞争性行为作出回应。地方政府的竞争策略一般可分为“互补性”竞争策略和“替代性”竞争策略。简单而言，互补性竞争策略是指基于流动要素的异质性视角，区域政府竞争手段有所不同。例如对于轻固定资产企业而言，税收竞争显然优于财政支出竞争，而对于一些固定资产占比较

高的企业而言，财政支出竞争的效能同样不容忽视。替代性竞争策略是指区域之间的竞争手段和竞争内容是同质的，比如区域双方政府同时允诺企业或者生产要素以税收优惠或者财政扶持。替代性竞争策略往往导致政府税收的下行和区域公共产品有效供给的不足。

基于社会实践的先验特征，国外关于地方政府竞争的研究较早。从财政支出竞争视角，Case 和 Rosen（1993）用 1970—1985 年美国各州年度数据检验了区域间财政支出的互动关系，他们发现单个区域的政府财政支出深受邻近区域政府财政支出的影响，邻近区域人均财政支出每增加 1 美元，本区域财政支出将增加 70 美分，这说明辖区间支出存在着正向的策略互动。运用纳什均衡分析，Bucovetsky（2005）分析了地方政府财政支出竞争的均衡和有效性问题，他的研究发现，在非合作博弈中，根据参数设定的不同，纳什均衡可能是有效率的，也可能是无效率的，甚至可能不存在均衡解。要素的高度自由流动将导致地方政府更加激进的财政支出竞争行为，公共投资的租金收益可能被地方政府竞争行为所耗散。Fenge 和 Ehrlich 等（2009）基于新经济地理学框架分析了财政支出竞争对集聚的影响，基于理论的分析表明当交易成本较高时，财政支出竞争将导致区域公共服务的过度供给，并引致产业的空间扩散。但是当区域一体化程度较高时，财政支出竞争将导致区域公共服务供给不足，并引致产业的空间集聚。

从税收竞争的视角，以 Oates（1999）、Wilson 和 Wildasin（2004）为代表的标准税收竞争理论认为地方政府竞争将引致辖区税率的逐底下行，而新经济地理学学者认为基于集聚经济和正向空间外部性，税收竞争引致税率下行可能是个伪命题。Baldwin 和 Krugman（2004）、Forslid（2005）、Borck（2006）以“集聚租”和区位“锁定效应”讨论了税收竞争阻止税率下行的作用机制，他们认为企业的空间集聚会通过共享、匹配、学习使得企业获得超额收益，进而使得企业愿意缴纳高出平均税负的税收，即“集聚租”。而企业的锁定效应暗含区位锁定和社会资本锁定，在锁定效应下，企业要想迁移出去则必须要付出一定的“沉没成本”，在理性预期下，当企业的迁移成本与沉没成本之和大于企业迁移的预期利润时，企业就会继续停留在原地生产。以 1993—2005 年中国 2094 个县级区域为样本，运用空间面板计量分析方法，Yao 和 Zhang（2008）从理论和实证层面分析了中国区域间税收到底是“逐底竞争”还是“逐上竞争”①，他们的研究表明中国区域间税收竞争表现出异质性特征，东部沿海区域财政能力雄厚，存在税收竞争的经济基础，因而税率表现出“亲商业性”的“逐底竞争”特征，而广大中西部区域中的经济欠发达县域，财政支付能力不足，其更倾向于提升税率以缓解“吃饭财政”难题，因此这些区域的有效税率实际上是上行的。

张晖（2011）认为我国地方政府的竞争方式分为四类，即基础设施竞争、税收竞争、创新环境竞争和人文环境竞争，其实质都可以归类为公共产品供给竞争。因为财政支出竞争以地方税收能力为依托，所以财政支出竞争和税收竞争是一枚硬币的正反两面。

从财政支出视角：李涛和周业安（2009）采用空间计量模型，利用1999—2005年中国省级层面样本数据对中国地方政府间的支出竞争进行了研究，研究结果证实中国省级财政支出存在一定程度的策略互动和路径依赖特征，其中各省份人均基建支出，科、教、文、卫支出表现为策略互补特征，而行政管理费用支出则表现为策略替代特征。汪冲（2011）基于空间误差模型、空间滞后模型和空间杜宾模型考察了2007年财政收支分类改革后城际政府的投资策略和互动行为，研究表明城际政府间在公共基础设施支出上存在着明显的策略互动，且以策略互补为主，即辖区政府的公共基础设施支出会减少邻近地区政府的公共基础设施支出；地方政府间财政支出竞争不仅表现在互动策略上，而且表现在竞争的区域差异上，如王丽娟（2011）基于1997—2009年中国29个省、市、自治区样本数据，采用空间自回归模型考察了财政支出竞争的区域差异，她的研究表明东部区域财政实力较强，因而地区间财政总支出竞争和分类别财政支出竞争明显，而且东部区域地方政府财政支出结构偏向于公共基础设施投资，而中、西部省份受制于财政实力约束，财政支出竞争不大明显。

从税收竞争视角：杨龙见和尹恒（2014）采用空间计量方法讨论了中国县级层面的税收竞争问题，他们的研究认为我国辖区政府间存在着显著的税收竞争，其中区域总体税负水平、企业所得税税负水平和营业税税负水平表现出一定的策略互补特征。相较于沿海县域，内陆县域对邻近县域的税收政策变动更为敏

① 直译自“race to the up”，意指区域间税收竞争引致区域税率提升。

感；范子英和田彬彬（2013）采用自然实验的断点回归方法，以 1998—2009 年中国制造业企业数据库为研究样本，考察了区域税收竞争、税收执法力度对企业避税的影响，研究发现税收征管权限对企业避税行为具有重要影响，相对于由国税征管的企业来说，地税征管企业具有更强的流动性以逃离高税负水平区域。同时，相对于公有制企业，私营企业对税率的冲击反应更为敏感。吕凯波和喻超（2017）采用 2000—2009 年 1628 个县级行政区样本实证说明了财政层级变动如何影响地方政府横向税收竞争问题，基于空间计量模型的实证结果表明在 2005 年以前辖区税收竞争属于“逐底竞争”，而自 2006 年起辖区税收竞争属于“逐上竞争”，“省直管县”强化了地方县域政府税收竞争策略互补的倾向。

四、关于地方政府“逐底竞争”的文献回顾

所谓地方政府的“逐底竞争”是指地方政府竞争中的税率渐近下行和区域公共服务供给的逐渐恶化，而“逐上竞争”则是指地方政府竞争不仅没有使得辖区税率下行，反而使得辖区税率上升和区域公共服务供给得到改善。标准税收竞争理论是“逐底竞争”概念的提出者和拥护者，他们认为当一个地方政府开出税收优惠清单时，邻近区域的地方政府往往具有“税收模仿”的竞争策略，这就使得区域间政府实际税率下行，进而公共服务供给不足（Oates，1972；Wilson and Wildasin，2004）。新经济地理学提出了与标准税收竞争理论截然不同的理论观点，他们认为伴随着产业周期的演化和产业空间的集聚，集聚产生的规模收益递增和学习效应使得企业获得超额收益，地方政府可以针对这部分收益对企业征收租金以遏制过度集聚带来的负外部性，而不至于扭曲资本的空间配置效率。以欧元区为例，运用博弈论的分析方法，Andre 和 Thierry（2006）证明了辖区间税收竞争不会导致税收“逐底竞争”。Yao 和 Zhang（2008）运用中国县级层面 1993—2005 年的数据，基于空间计量分析方法测算了中国的税收竞争及其影响因素，实证结果分析表明相较于中西部经济发展落后区域，东部沿海发达区域更倾向于税收竞争。他们认为由空间集聚构成的规模经济和产业多样性使得东部沿海区域具有雄厚的财政实力对企业实行低税负或者财政补贴，而广大中西部

在“吃饭财政”[①] 的现状下，不具备进行税收竞争的物质基础。Rauch 和 Hummel（2016）基于德国市级层面的准自然实验表明，辖区公共财政政策的制定不仅与产业集聚和政府竞争息息相关，还受制于税收乘数，而且税收乘数有利于抵制税收的“逐底竞争”。

关于地方政府“逐底竞争”的讨论，我国学者更多的是从环境规制的视角展开，王艳丽和钟奥（2016）选取 1998—2003 年中国省级层面的数据分析了环境规制中的“逐底竞争”假说，研究表明政府降低环境规制水平显著提升了高耗能产业的进入。李拓（2016）则运用博弈论的分析方法探讨了“土地财政”目标下环境规制“逐底竞争”与区域经济增长的关系，其结论也证实我国省级层面间存在环境规制的“逐底竞争”，且环境规制强度与区域经济发展水平呈现出正相关关系。值得注意的是，邵明伟和钟军委（2015）以中国 2000—2013 年省级层面数据为样本，运用空间联立方程模型探讨了地方政府税收竞争和空间集聚的内生关系。他们的结论表明，中国地方政府间并不存在所谓的税收“逐底竞争”，以税收优惠吸引资本流入的方法具有一定的条件限制，因为既有的空间集聚降低了企业区位选择对税负反应的敏感性，这种阻滞税收渐近下行的力量还表现为空间集聚区域政府和企业获得的“集聚租金”效应和企业区位选择上的“空间锁定”效应。

第三节　关于地方政府竞争对资本流动的影响研究

一、地方政府竞争影响资本流动机制的文献回顾

（一）经济理性行为与“经济人”假设

经济理性和“经济人”假设是经典经济研究的理论基础，这一前提假设表明市场经济的参与主体有其特定的利益诉求，并且会尽可能地占有经济要素并优

① 财政具有配置资源、调控经济和经济建设职能，所谓“吃饭财政”则是指财政资金除了维持区域公共行政单位必要的开支以外，缺乏用于社会经济建设的资金，财政的经济建设职能基本丧失。

化资源配置以最大化其利益所得。

地方政府竞争凸显了社会治理和经济发展中地方政府的经纪人角色和经济理性行为。在一个社会体系中，政府、企业、居民通常构成市场参与的主体，具有能动意识，也具有各自的利益诉求。一般而言，无论是在联邦制国家还是在单一制国家，政治声誉、政府权力（包括政治权力和经济权力）、经济增长、居民福利构成地方政府辖区竞争的主体目标。在我国政治治理框架内，政治声誉着重表现为晋升激励，即辖区政府官员的政治声誉越高，则其晋升的可能性越大，反之，则晋升的概率较低。

基于中国转型时期的现实背景，围绕着政府行为与区域经济发展研究主题，周业安（2004）、徐现祥和王贤斌（2010）、陶然等（2010）、蒋德权和姜国华（2015）以及刘伟（2016）等学者进行了开拓性的研究。他们的研究结果均表明政府主体行为关乎区域经济发展，虽然其作用结果可能不尽相同，作用机理也各有差异。

（二）资本边际报酬率递减规律理论

资本的核心功能是作为一种生产要素参与到企业生产中去，因此其必然符合生产要素的边际报酬递减规律，即在技术水平不变的条件下，随着资本要素的累积，资本丰裕地区的边际资本产出是下降的。资本边际报酬递减规律要求企业的生产必须投入最优比例的不变资本和可变资本。

资本要素分布的空间不均决定了企业生产中要素投入机会成本的不同，一般而言，资本要素充裕地区资本价格较为低廉，在生产过程中会过多地使用资本以代替劳动力要素，即倾向于发展资本密集型产业，而劳动力充裕的地区在生产过程中则会倾向于发展劳动密集型产业。那么就会形成这样一种状态，资本要素充裕地区的资本品价格低于资本要素匮乏地区的资本品价格。在自由市场经济体制下，资本要素就会流向资本品价格较高的区域。

（三）资本的时空压缩理论

时空压缩理论是指现代交通和通信技术的发展极大地缩短了人类活动的相对时空距离。伴随着时空压缩，空间不再是制约资本流动的绝对力量，而资本的套利空间对资本流动的刺激则越来越大。马克思（2013）认为工业革命以前，生产力的发展及其延续主要来自历史性的积累，资本的空间分布受自然地理因素的作用较强，而在当代资本则会为实现价值增值不断地突破空间壁垒。Harvey（2001）将马克思对资本的分析引入新经济地理学，提出了“资本的三级循环”理论和“资本的空间修复”理论。

“资本的三级循环”理论提出，资本的时空转移是一个由资本的自然属性向社会属性过渡的过程，其具体过程为资本的产业间转移—资本由产业向空间的转移—资本由经济空间向社会领域的转移。同时，“资本的三级循环”理论也表明，资本将由其自然属性表征向社会属性表征转变。其中，资本的自然属性是指资本追求利润的本质，而资本的社会属性是指资本的社会公共服务功能；“资本的空间修复”理论认为缺乏营利性投资始终是困扰资本积累的难题，而解决这种困境的一个有效途径是以贸易和投资的方式输出过剩资本，即资本的地理扩张。此时，空间已经不再是纯自然的上帝的“作品”，而是已经变成“产品”纳入整个资本流通体系（Benjamin，2009）。

（四）资本流动的“核心—外围”理论

经济地理学认为经济发展的空间不均衡是一种常态，相对而言，一个国家或地区都有其发达地区和欠发达地区，其中发达地区构成核心区域，而欠发达地区构成外围区域。发达区域拥有丰裕的资本要素，市场化程度和市场开放度均较高，而欠发达区域资本要素则相对匮乏，市场体制建设也相对滞后。核心区域和外围区域不是空间隔绝的，而是相互依存、相互渗透，构成一个完整的空间系统。

根据“核心—外围”理论，在区域经济增长过程中，核心与外围之间存在着不平等的发展关系。总体上，核心区域居于统治地位，外围区域在发展上依赖于核心区域。由于核心与外围之间的贸易不平等，经济权力要素集中在核心区，技术进步、高效的生产活动以及生产的创新等也都集中在核心区。核心区依赖这些优势从边缘区获取剩余价值，使外围区的资金、人口和劳动力向核心区流动的趋势得以强化，构成核心与外围区的不平等发展格局。

在“核心—外围”区域经济结构中，由于经济势差，空间经济会形成三种效应，即市场接近效应、生活成本效应和市场拥挤效应，其中市场接近效应和生活成本效应构成区域经济空间的集聚力，市场拥挤效应构成区域经济空间的分散力，当区域经济空间的集聚力大于分散力的时候，资本就会由外围区域流向核心区域。反之，资本则会向外围区域扩散。

二、地方政府竞争与资本流动相关关系的文献回顾

Hans、Karen 和 Guttorm（2000）基于新经济地理模型讨论了两区域“块状世界”中的资本竞争，他们认为如果产业集聚在单一区域，则该区域可以通过较高的税率设置获得“集聚租”，以此增进区域居民福利。但是如果产业同时分布在两个区域，则区域间会通过低税率或者补贴进行资本竞争。在《税收竞争和资本的本质》一文中，Richard（2002）的研究表明税收竞争并不必然是有害的，对自由资本的竞争将会促进区域最优税率的制定，地方政府对资本的竞争应该区别固定资本与流动资本。

Anderson 和 Forslid（2003）基于“核心—外围”模型探讨了区域税收竞争和财政支出竞争对企业区位选择的影响，研究表明内化于企业的收益或者成本之中，税收竞争和财政支出竞争通过作用于集聚力量能够使企业达到新的“扩散均衡（Dispersed Equilibrium）”。Cai 和 Treisman（2005）的研究表明以争取流动资本为目标的地方政府竞争有利于改善地方政府商业环境、削减地方政府福利开支、减少地方政府腐败行为。但是如果区域单元异质性足够大（如在自然资源禀赋、地理区位、内生人力资本或者交通基础设施方面的差异），资本流动将弱化要素资源禀赋弱的区域政府的行为规制，从而使得区域间政府政策呈现出发散或者非协调状态。标准税收竞争理论指出，伴随着市场一体化下资本流动能力的增强，地方政府的税收竞争将导致区域间的税率呈现出“下行”趋势，并引致地方政府的公共物品供给不足。与标准税收竞争理论不尽相同，新经济地理理论（NEG 理论）认为经济的空间集聚行为产生的“集聚租”对企业区位产生锁定效应，从而在一定的“成本—收益”范围内，税收具有“上行”趋势（Krogstrup，2004）。以 OECD 国家为样本，基于双重差分模型，Rademacher（2013）实证检验了资本自由流动条件下，政府税收、集聚及市场规模优势之间的相互关系，研

究表明 OECD 组织内部大国和小国的税收负担存在着分化趋势，小国税收符合标准税收竞争理论，但是受益于上下游产业链引发的空间集聚因素，大国税收演进更加符合 NEG 税收竞争理论。

财政分权体制改革为我国学者研究中国税收竞争与资本流动的动态关系提供了现实基础。付文林和宋顺峰（2010）基于文献综述探讨了不完全竞争条件下的资本流动与税收竞争问题，并阐述了关于中国地区间税收竞争与区域经济协调发展需要注意的理论问题。实证研究方面：胡志勇和周俊琪等（2013）以福建 9 个地级市的经济数据考察了税收竞争和资本流动的关系，研究表明税收竞争对于吸引辖区资本流入具有积极效应，但是提升市场潜能及居民消费能力对于吸引资本流入是更为有效的选择，而拥挤成本对资本流入存在显著的负向影响。基于贝叶斯方法，余壮雄和杨杨（2014）实证检验了影响我国区域间资本流向的主要因素，他们的研究表明我国资本流动存在着“市场向西，政治向东”的倾向，即反映市场力量的因素（比如外商直接投资、市场竞争的激烈程度）促使资本从东部区域流向西部区域，而反映政治力量的因素（比如中央政府转移支付、大型公共项目投资）则挤占了西部民间资本生存空间，促使西部资本流向东部。基于企业并购的微观视角，王凤荣和苗秒（2015）考察了税收竞争、制度质量和地区间资本流动之间的关系，研究表明由税收竞争引致的企业跨地区并购显著促进了地区间资本流动，相较于税收竞争，地区制度环境对于企业跨地区并购发挥着更为重要的作用。

三、地方政府竞争影响资本空间配置效率的文献回顾

由地方政府竞争引致的资本流动及其空间配置效率是新经济地理学及公共经济学研究的热点问题。有关于地方政府竞争与资本流动的研究主要偏重于理论层面，而寥寥几篇实证方面的分析也仅仅是从税收竞争层面考察其对资本流动的影响。而关于地方政府竞争对资本流动及其空间配置效率影响的相关研究虽然以往学者有所涉及，但是并未得出一致性结论。

Wilson 和 Wildasin（2004）沿着“Tiebout 假说”和“支出外溢性”两条主线分别探讨了地方政府税收竞争对企业资本配置效率的影响，但是基于数值模拟

的理论分析由于过于依赖参数设定，因而并没有给出具体的结论。以中国省级层面数据为样本，成力为和孙玮（2009）基于区域制造业资产配置视角检验了财政支出对于区域资本配置效率的影响，他们认为由财政支出竞争所引发的市场分割、基础设施重复建设以及地方政府对商业银行的信贷干预降低了地方的产业资本配置效率。基于空间计量方法，孙晓华和郭旭（2015）从宏观视角检验了中国省级层面财政支出竞争对于区域资本配置效率的影响，他们的研究结论表明我国区域间资本配置效率呈现出明显的空间相关性，东部省份财政支出竞争明显有利于提升区域资本的空间配置效率，而中西部省份的财政支出竞争则阻碍了资本空间配置效率的提升。

第四节　地方政府竞争、资本流动对区域经济影响的研究

一、地方政府竞争、资本流动与区域经济增长的文献回顾

从地方政府竞争来说，大多数经济学学者认为地方政府竞争往往会形成一种正向的空间外部性，刺激微观主体的生产动能，从而形成财富创造和财富集聚效应。例如，Qian 和 Roland（1998）认为地方政府竞争有利于打破地方政府行政干预对资源配置的空间扭曲行为，有利于促进区域经济的市场化进程，进而会推进经济增长。基于国家层面样本数据，Lee 和 Gordon（2005）基于 1970—1997 年国家层面的样本数据表明，公司所得税税率与区域经济增长率呈现出显著的负相关关系，公司所得税税率每降低 10 个百分点，区域经济增长率将提升 1—2 个百分点；以改革开放以来的中国区域经济为样本，张五常（2009）认为在分成合约的制度框架安排下，地方政府竞争是中国区域经济增长奇迹的关键，Jin、Qian 和 Weingast（2005）同样发现政治激励和经济激励下的地方政府竞争是中国经济发展的关键因素。但是也有学者对地方政府竞争是否真的能够促进经济增长提出了质疑，他们认为辖区政府竞争在某种程度上会导致市场分割、重复建设、公共服务供给不足等问题。

从资本流动来说，资本要素是区域经济增长的核心要素，但是资本流动的空间差异使得其对区域经济增长的作用不尽相同。一般而言，资本流入有助于弥补区域发展的资金缺口，有利于区域经济增长，但是对于资本流出地而言，资本的空间流出会降低其经济活力。但是整体而言，资本流动代表了市场对资源的有效配置，又会提升社会的整体福利水平。

Edwards（2001）基于国家样本的数据分析表明，资本账户开放的区域经济表现往往好于资本管制的区域，但是经验分析同样表明，只有经济发展达到一定程度以后，资本账户开放对经济增长的影响才是正向的。但是 Meyrelles-Filho 和 Jayme（2010）对此不大认同，他们基于对约 80 个国家 1997—2003 年的数据分析表明，资本流动与发展中国家的经济增长负相关，但是却可能刺激了发达国家的经济增长。资本流动对区域经济增长的作用体现在资本的空间整合和对产业的专业化分工优势上，资本通过流动提升了资本的有机构成，释放了经济生产的潜能。韩彪和张兆民（2015）利用中国 29 个省份 1990—2012 年的面板数据分析表明，交通运输成本的下降刺激了资本要素的空间流动性，使得生产要素在统一完整的市场内更加合理的分配，进而促进了区域经济的有效增长。

二、地方政府竞争、资本流动与区域经济空间均衡的文献回顾

空间均衡和空间集聚是经济要素空间分布的两种基本形态，经典区域经济理论认为，由于人口、区位和资源禀赋引致的比较优势不同，所以区域经济发展不平衡具有天然存在性，早期市场活动的形成往往最先开始于区位和资源禀赋条件较好的区域，由此形成传统农业和工业的区位选择理论。而新经济地理学派则基于规模经济和内生的技术进步理论表明，即使不存在外生差异，经济活动也会自然演化出经济空间的分异。但是，伴随着市场的融合、经济的一体化以及由技术进步带来的沟通的及时性，区域经济的空间分异不会无限扩大，而是会呈现出空间均衡特征。

关于为什么会出现经济增长的空间均衡，新古典经济增长理论、新经济地理学以及新马克思主义理论各自给出了相应的理论解析。新古典增长理论的普遍观点是在技术水平外生和规模报酬不变的条件下，由边际报酬递减规律引致的利润

率递减将导致资本流向稀缺的地区。同时，由边际报酬递减规律决定的资本稀缺地区的经济增长在达至均衡点以前具有更快的收敛速度；Myrdal（1957）和 Hirschman（1958）则基于"极化效应"和"涓滴效应"探讨了区域经济生产要素的集聚和扩散对区域经济均衡的影响。他们认为在区域经济发展的早期，核心地区对要素资源的吸引力较为强劲，以至于出现"极化效应"①和"虹吸效应"②，而伴随着中心区域经济的增长和市场势力的扩展，"扩展效应"③和"涓滴效应"④会对区域空间均衡产生积极影响；新马克思主义则从资本的"空间修复"和"时间修复"维度来探讨资本要素流动对区域经济空间均衡的影响，按照新马克思主义代表人物 Harvey（2001）的观点，资本运动是资本的生命，资本在运动中实现再分配和价值增值，在"廉价资本"时代，缺乏营利性投资始终是困扰资本运动的难题，因此进行资本的时间和空间再配置是拓展其营利能力的关键，其基本逻辑是投资长期资本项目或者进行资本的盈余再分配，比如政府通常进行的大型公共工程建设和转移支付即属于此类。

对区域经济空间非均衡的调整存在着市场和政府两种力量，其中市场力量对经济要素的引导除了包含利润率指标外，同时它也会通过企业的兼并、破产，甚至以经济周期的方式来消化集聚区域的冗余社会资源，经典经济学中对这类命题探讨较多，故我们在此主要讨论政府的空间干预与空间竞争对区域经济地理均衡的影响。空间干预着重表现为发展战略和经济政策，在我国区域经济增长的演进中，发展战略一般由中央政府统一制定和规划，相对于地方政府而言它具有客观外在性，而以财政政策和税收手段进行的辖区空间竞争对地方政府而言具有更多的自主性。

我国区域经济面积广大，经济地理、文化差异、资源禀赋、制度特征等多重要素导致了区域经济的空间不均衡。周民良（2000）指出从我国区域经济重心的地理演变来看，我国区域经济的南北不均衡甚于东西不均衡，而缩小区域经济差

---

① 极化效应：根据缪尔达尔的观点，极化效应是指区域经济增长中，经济资源不断流向经济增长的核心或极点的过程。

② 虹吸效应：与"极化效应"有相似之处，核心区域会不断强化对外围区域资源的吸引和吞噬，与"极化效应"相对应的是要素的扩散和回流，但是虹吸效应的直观结果却是边缘区域的相对衰弱。

③ 扩展效应：扩展效应就是经济增长的核心区域对边缘区域经济增长的推动力。

④ 涓滴效应：指经济发展过程中发达区域通过就业带动、消费推动、市场开放等方式对边缘区域经济增长的拉动作用。

距与政府政策偏向有较大的关系，实现制度供给均衡和政府政策偏向是缩小区域经济差距的有效保障；陈秀山和徐瑛（2004）认为基于经济过程的考量，影响我国区域经济差距的因素主要是经济要素本身的数量和质量、资本的空间配置效率、经济的全要素生产率以及经济地理格局的空间变动，而提高资本的空间配置效率是缩小区域经济发展差距的关键；周密和盛玉雪、刘秉镰（2012）基于区域空间的非均质性，将竞争与互补的替代关系和区域差距的三种基本形态同时纳入分析框架探讨了我国区域经济中“八大板块”① 的互动与协调发展关系，研究表明我国区域之间既存在恶性竞争，也存在着良性互补关系，区域空间极化现象已然在八大区域板块中显现；针对我国区域经济分布的空间不均衡现象，运用1998—2007 年中国工业企业数据库，张天舒和黄俊（2013）实证分析了区域经济集中、经济增长和收入差距的关系，研究表明在资源禀赋充裕和经济寻租较多的区域，经济集中度较高，而制度恶化损耗了经济集中带来的集聚租金收益。相应的，经济集中扩大了区域经济的非均衡程度。

第五节　研究述评

政治与经济从来不是独立存在的，自经济学诞生以来，始终伴随其中的一个理论命题即是政府在经济发展中扮演着怎样的角色。有效市场以有为政府为基础，理解地方政府行为及其对资本要素的影响是解开中国高经济增长之谜的关键。新经济地理学体系中，资本分布的空间不均构成了区域经济增长的“核心—外围”结构，资本的空间流向代表了区域经济增长的未来潜力，由此两者影响着辖区政府的利益分割格局。从以上关于地方政府竞争与资本流动的文献回顾中我们看到：

---

① “八大经济”区域的划分由国务院发展研究中心于2003 年首次提出，在《中国经济和社会发展的第十二个五年规划纲要》中，进一步将其阐述为“八大经济圈”，其区域划分大致为：东北经济圈（含黑、吉、辽）；长三角经济圈（含苏、浙、沪以及安徽部分区域）；泛渤海经济圈（含京、津、冀、鲁及辽宁部分区域）；环珠三角经济湾区（含粤、港、澳）；海峡经济圈（含闽、台）；中部经济圈（主体由中原城市群及武汉城市群构成）；西南经济圈区（以成都、重庆为核心的经济圈层）；西北经济圈（以关中城市群为主体核心）。

第一，地方政府竞争理论的核心问题是微观主体的利益博弈和利益分割。财政分权理论明确了地方政府的微观利益主体地位，地方政府竞争反映了地方政府的经济行为理性人角色。无论是追求政治声誉、经济增长抑或社会福利，地方政府竞争都反映了其特定的利益诉求。

第二，中国的“行为联邦制”决定了中国的地方政府竞争有其特殊之处。中国的市场经济转型和社会治理变革相互交织，直至今天，我们依然处于转型、变革的关键时期，在这种背景下，社会发展的多元化、空间经济的差异化都促使具有“行为联邦制”特征的中国地方政府表现出对经济要素的强烈渴望特征。而且在地方政府的“行为联邦制”下，不同政府层级之间以及政府与企业和个人之间都存在着相当大的强制、谈判和互惠的余地，这不同于西方联邦制度下的法律规范和契约精神。

第三，资本逐利而动，资本流动体现的更多的是一种市场对资源的配置行为，但是出于对经济利益的考量和争夺，地方政府会通过干预行为强化对资本要素的吸引。

第四，引导资本流向的是资本的边际收益。所以，资本并非总是会由经济发达区域流向经济欠发达区域，也可能是由经济欠发达区域流向经济发达区域。它体现的是空间集聚、技术进步、分工优化和制度完善对资本要素的吸引力。

研究不足主要体现在：诸多学者研究了地方政府竞争对区域经济增长的影响，但是却缺乏对其作用机制的探讨和分析。而且基于财政分权框架，鲜有学者同时纳入财政支出竞争和税收竞争两条主线同时进行分析，也缺乏对两者的现实比较；国外关于资本流动的研究对象多集中在跨国层面，关于一国内部的跨区域资本流动研究较少。国内关于资本跨区域流动的研究较多聚焦于省级层面，仅有胡志勇和周俊琪（2013）基于福建省九个地级市数据探讨了税收竞争对资本流动的影响，而且除了胡志勇和周俊琪（2013）、王曦、杨扬和余壮雄（2014）、余壮雄和杨扬（2014）等，关于地方政府行为对资本流动影响的研究还较为稀少。

第三章 地方政府竞争与资本跨区域流动：理论机制分析

第一节 引言

自 1978 年改革开放，中国经济进入转型时期以来，在“白猫黑猫论”[①] 的经验务实主义哲学的引领下，地方政府在经济发展方面的动能得到充分的激发，政府政策红利得以有效释放，地方政府竞相以财政和税收手段强化对流动资本要素的吸引（张五常，2009；白俊红和蒋伏心，2015）。资本收益率的差异是决定长期资本流动的力量，地方政府竞争以财政让利和优化公共服务供给的方式耦合了资本空间扩张的内在动力。

经典区位理论和经典国际贸易理论认为，企业生产的区位选择受制于辖区资源禀赋的充裕程度，并且遵循要素收益的边际递减规律。一般认为，资本的收益率和资本的稀缺程度成正比，即经济发展水平越高的区域，资本的边际收益率会越低，而经济发展水平越低的区域，资本的边际收益率会较高，这就会促使资本从收益率较低的发达区域流向资本收益率较高的欠发达区域，直至欠发达区域和发达区域资本要素的边际收益相同。并且，在经典经济理论中，地方政府这一重要主体是外生的，无论是“李嘉图等价定理”[②] 还是“拉弗曲线”[③]，其都反映

① 此语引自我国改革开放的总设计师邓小平，该理论认为市场经济作为一种资源配置方式，并不是资本主义国家独有的，社会主义国家也可以有市场。这对于经济起飞阶段的中国起到了解放思想、实事求是的思想引领作用。

② “李嘉图等价定理”指出政府依靠税收或举债的方式融资不会对人们的经济选择产生异样性，对于人们而言，公债无非是延迟了的税收。

③ “拉弗曲线”描述的是政府税收与最优税率之间的动态关系，即当税率低于某一特定值时，税率的提高将促进政府税收收入的增加，但是当税率超过该特定值时，税率的进一步提高将引致政府税收收入的减少。

出政府经济政策的制定只关注于自身经济目标，而缺乏对动态经济环境和周围博弈群体的考量，即传统的经典经济学缺乏对空间非均质和空间互动作用的考察，进而得出“后院资本主义”的竞争均衡状态。

以克鲁格曼于1991年发表的《经济地理和规模收益递增》一文为代表，发端于20世纪90年代的新经济地理学以垄断竞争和规模收益递增的理论框架为基础，借鉴萨缪尔森于20世纪50年代提出的“冰山运输成本”概念，成功构建了新经济地理学的“核心—外围”模型。新经济地理学认为在“块状经济”和“外部经济”作用下，经济要素往往表现为集聚和扩散特征。而且源自集聚经济产生的技术进步外溢效应、劳动力蓄水池效应和产业的垂直关联效应，空间密集度较高的企业往往会获得由集聚经济带来的某种额外收益，即“集聚租”（钱学锋和黄玖立等，2012；Coulibaly，2008）。这反映出在NEG范式下，资本的逐利特征会驱使资本流向资本边际收益更高的地区，而非资本要素最为稀缺的地区。新经济地理学框架下关于资本要素空间运动规律的理论主要体现在FC模型（自由资本模型）、FE模型（自由企业家模型）、FCVL模型（自由资本垂直联系模型），并且伴随着约束条件的扩展，资本要素流动的空间理论逐步从DCI分析框架向OTT分析框架转变，克服了DCI分析框架下因非线性函数关系导致的相关变量不存在解析解的问题（何雄浪，2014）。

区域经济的空间演进是一个动态的渐变过程，但是NEG理论认为在“非黑洞条件”下，当区域经济的空间力量达到或者超越特定的门槛值时，区位黏性和自循环累积机制将促使区域经济发生突变，即呈现出“要么完全集聚，要么完全发散”的“棒棒均衡”结果，这显然不足以解释现实世界中区域经济的多重均衡状态。而且，鉴于世界范围内的财政联邦主义和税收竞争的现实案例，地方政府的区位竞争政策对流动资本要素的吸引越来越明显。因此，本章将在拟线性的FC模型基础之上，构建两地区的资本收益方程，分析地方政府竞争对资本要素的空间流动规律的影响。

本章余下内容结构安排为：第二部分为核心概念内涵及理论界定；第三部分为区域经济中的资本边际报酬与“核心—外围”分析，我们分别基于新古典经济学视角和NEG（新经济地理学）视角探讨了区域经济中的资本边际报酬，并对地方政府竞争对资本流动的有效性进行了分析；第四部分为地方政府竞争对资本流动的作用机制分析，基于扩展的“核心—外围”模型探讨了两地区资本收益率的空间差异；第五部分为资本流动与区域经济均衡分析。第六部分为本章小结。

第二节 核心概念内涵及理论界定

一、关于地方政府竞争的概念内涵及理论界定

在对地方政府竞争的概念内涵进行界定之前，我们首先需要明晰其主体，即地方政府。按照政府层级和权限，政府组织一般划分为中央政府和地方政府，其中地方政府根据其辖区治理边界又可以进一步划分为多个层级。但是根据国家行政体制的不同（一般分为联邦制政体和单一制政体），地方政府权力和责任范围不尽相同，在联邦制政治体制下，地方政府拥有独立的预算、司法权力，地方政府对本辖区居民负责。而在单一制行政体制下，地方政府接受中央政府的领导，地方政府不具有独立的预算和司法权力，地方政府同时对中央政府和本辖区居民负责。

我国为单一制行政体制国家，除中央政府外，地方政府分为省、市、县、乡四个层级。根据《中国统计年鉴》，截至 2015 年，中国共有 34 个省级行政辖区（含港澳台），其中地级区划数为 334，地级市个数为 291①。

竞争源于资源的稀缺性以及独立经济主体的利益要求，现代财政分权体制的建立是地方政府竞争的现实背景，公共选择理论和新经济地理学的发展为地方政府竞争提供了理论基础。辖区治理是地方政府竞争的前提，而财政分权下的利益诱导、政治声誉和晋升激励为地方政府竞争提供了目标导向。

地方政府竞争的概念由 Tiebout（1956）提出，在《地方公共支出的纯理论》一文中，Tiebout（1956）指出在政府辖区治理层面，受制于地方政府支出目标和财政能力双重约束，辖区居民往往表现出“投票者”的角色，而地方政府为吸引居民流入或者说为赢得选民支持，相较于邻近区域，往往表现出税收收入或者

① 地级区划数及地级市个数未含港、澳、台地区。

财政支出上的竞争倾向。

美国政府间关系委员会（U. S. ACIR）在1991年明确给出了地方政府竞争的含义，他们认为地方政府间竞争就是地方政府试图赢得一切稀缺性资源而规避某些特定成本的行为，这些稀缺资源主要包括商品、服务、人口和自由资本。

围绕着中国财政分权体制改革的推进以及辖区治理决策权的下移，何梦笔（1999）、冯兴元（2001）较早引入了地方政府竞争概念，他们认为地方政府竞争是指区域经济空间中，地方政府围绕着流动要素而进行的政府政策、制度环境以及区位竞赛，旨在强化对流动要素的争夺。

从上述诸学者的定义中，我们发现地方政府竞争具备以下几点要素：（1）地方政府竞争的主体是地方政府，地方政府间处于同一层级的平行关系。（2）地方政府竞争的对象是流动要素，强化对流动要素的吸引和争夺是地方政府竞争的目标，一般而言，其包括货物、贸易、资本、劳动力等要素。（3）地方政府竞争的前提是市场是非完全垄断或非完全分割的，即市场经济条件下这些要素是可流动的。（4）地方政府的竞争是多层次、多维度的，既包含制度层面的竞争，也包括财税政策和环境规制方面的竞争。

中国地方政府竞争源于“赶超型”体制下的财政分权，地方政府虽然同时对上级政府和本辖区居民双重负责，但是其直接授权来源却是上级政府，因此在威权治理模式下，我国地方政府并非拥有联邦制体制下地方政府的类似权力，地方政府与中央政府在某些层面存在着权力交叉及协商部分，正如图3－1所示。伴随着地方政府的改革创新，相对于权力交叉及协商部分，在地方治理中由地方政府所决定的事务和比重越来越多，这是地方政府竞争的行为基础，郑永年（2013）称其为“行为联邦主义”。

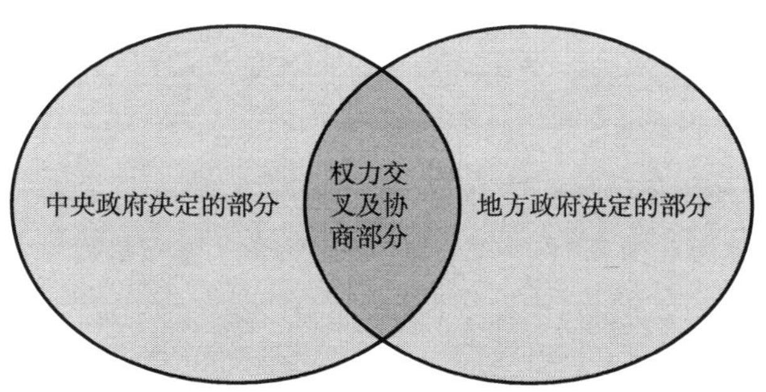

图3－1　中央和各省之间的权力分割

地方政府竞争的主体是地方政府，其作用对象多是经济要素或者战略资源，如劳动力要素、资本要素等，本书以资本要素作为地方政府竞争的作用对象。从表现方式上来看，地方政府竞争无外乎表现为经济竞争、制度竞争和文化竞争。其中经济竞争既指当前经济的发展状态、发展布局、发展规划对外部资本吸引力的竞争，也指地方政府以财政支出、税收优惠、转移支付等方式进行的竞争。制度竞争既指市场的规则体系的制定和完善程度，也指政府行政合法性和清廉程度等层面的竞争。文化竞争是一种软实力的竞争，着重指区域文明累积程度、历史传承和社会资本等方面的竞争。与经济学主流研究类似，在本书中，我们着重从财政支出和税收收入两个层面理解地方政府竞争。

在已有的关于地方政府竞争的相关文献中，其测度方法主要有以下几种：

（1）基于平均税负水平或者平均财政支出水平的测算方法，即以辖区税收收入占辖区 GDP 的比重表示税收竞争，以辖区财政支出水平占辖区 GDP 的比重表示财政支出竞争。这种测度方法考虑了区域经济发展水平的差异，其内在逻辑是在统一的财税体制框架内，辖区平均税负水平和财政支出水平应大致均等。在沈坤荣和付文林（2006）、傅勇和张晏（2007）、邵明伟和钟军委（2015）、杨柳（2015）、唐飞鹏（2017）等学者的研究中，我们可以看到此类测度方法的应用。

（2）基于类区位熵的地方政府竞争程度的测量。即以辖区平均税负水平与全国平均税负水平的比值衡量税收竞争程度，以辖区平均财政支出水平与全国平均财政支出水平的比值衡量财政支出竞争。用公式可以表示为：

$$\text{税收竞争} = \frac{\text{辖区税收收入} / \text{辖区}\ GDP}{\text{全国税收收入} / \text{全国}\ GDP}$$

$$\text{财政支出竞争} = \frac{\text{辖区财政支出总额} / \text{辖区}\ GDP}{\text{全国财政支出总额} / \text{全国}\ GDP}$$

在陈博和倪志良（2016）、刘江会（2017）等的研究中我们可以看到此类方法应用。与方法（1）类似，基于这类指标的测度中，税收竞争是逆向指标，而财政支出是正向指标。

（3）基于距离权重矩阵的地方政府竞争程度的测量。参照邓明（2013）、纪益成（2015）、陈志军（2017）等人的构建方法，地方政府竞争用公式可以表示为：

$$Z_{i,t} = \sum_{j \neq i}^{N} W_{i,j} Z_{j,t}$$

其中，Z 表示地方政府竞争程度，$W_{i,j}$ 表示由任意两地区所构成的空间权重矩阵，其可以由物理空间距离构成，也可以由经济距离构成。但是由于地方政府竞争呈现出空间上的衰减趋势，且竞争的边界往往难以确定，因此在本章的分析中，我们综合运用了前两种地方政府竞争指标的构建方法。

二、关于资本流动的概念内涵及理论界定

在对资本流动概念进行界定前，我们同样对资本的含义进行阐明。资本的概念存在着复杂性及理论纷争。西方经典经济学对资本的定义是物质生产的基本要素，包含物质资本、人力资本、技术资本以及资金等要素，例如亚当·斯密（2012）对资本概念的理解是预期能够带来收益的存量要素。

西方古典经济学显然是从经济生活的直观现象来对资本概念进行界定，基于社会视角的生产力发展框架，马克思（2013）认为资本是社会生产关系的反映，据此他认为资本是能够带来剩余价值的价值。资本的最初表现为货币，但是货币并不一定是资本，只有在社会再生产的不断运动中实现价值增值才能称其为资本，资本的生命在于周而复始的循环运动；在《21 世纪资本论》一书中，法国经济学家皮凯蒂（2014）认为，资本是市场经济条件下能够实现交易的财富形式，包括房屋、机器、基础设施等。资本具有双重角色，既有储藏价值，也能够作为一种生产要素。并且，根据所有者形式，资本可以分为私人资本和公共资本。

从上述对资本的典型定义中我们可以抽出资本概念的共有要素：（1）资本概念的核心是资本能够带来价值回报。市场经济条件下，“商品的惊险跳跃”暗含着巨大的风险，因此在风险和收益对等的原则下，资本所有者必然以追逐价值回报为核心。（2）资本体现的是一种生产要素和支配权利。厂房、机器、设备、技术、资金等多种生产要素必然参与到社会再生产的循环运动中才能体现资本的本质形态。而且，资本体现的是一种对物质要素的支配权和剩余价值的分配权，在新经济地理学中，资本的空间分布不均衡也体现出经济赋权的空间差异。③资金是资本的表现形态。不同于小农经济体系，交换是市场经济体系的典型特征，而资金或者说货币是交换的主要媒介。虽然资本有多重表现形态，但是限于交易的便捷性以及要素的空间流动能力等考量，资金往往表征资本要素。

资本流动是资本的空间再配置行为。资本本质上是逐利的，因此在市场“无形之手”的引导下会从低利润空间或者行业流向高利润空间和行业。同时，由于资本包括公共资本和私人资本，因此在资本流动和资本扩散的过程中，除市场引导外，政府政策偏向也会对资本流动方向产生一定的影响。

从资本流动的空间范围来看，资本流动包括国际资本流动和国内资本流动，其中国际资本流动多来源于 FDI 和国际贸易，国内资本流动则是指多个维度，包括区域间的投资、消费、跨区域贸易。资本表现为存量和流量两个方面，存量的资本即指资本累积，其在经典宏观经济学中已多有著述，而限于经济的复杂性及具体统计数据的可得性，关于资本流动的研究尚有很多值得挖掘的方向。基于区域 GDP 支出核算方法，郭金龙和王宏伟（2003）、王小鲁和樊纲（2004）、豆建民（2005）等测算了我国资本的跨区域流动，这也成为当前关于定量测算资本跨区域流动的主流算法，在本章的后续研究中，我们也将借鉴该方法测算我国资本的跨区域流动。除此以外，“F-H”测算方法和以资本存量占比的变化表征区域间资本流动的测算方法在研究文献中也多有见到，各测度方法的简要说明如下：

（1）“F-H”测算方法。该方法首先由 Feldstein 和 Horioka（1980）提出，其基本逻辑是在自由资本市场条件下，区域投资水平不受本地储蓄能力限制，因为总会有外来资本补充进来。所以辖区储蓄率和投资率系数的高低反映了资本流动能力的大小，其相关系数越大则表明辖区资本流动性越小，反之则表明辖区资本流动性越大。在彭文斌（2008）、张晓莉和刘启仁（2012）、胡凯和吴清（2012）、刘穷志（2017）等的研究中我们可以看到此类资本流动测度方法的应用。

（2）以资本存量占比的变化表征区域间资本流动。该方法的步骤和逻辑是先根据永续盘存法测算出各区域历年的资本存量值，然后运用历年资本存量占 GDP 比值的变动表示区域间资本流动，李小平和陈勇（2007）、任晓红和张宗益（2011）、王钺和白俊红（2016）等的研究运用了此类测度方法。

（3）基于 GDP 的一般均衡分析范式测算区域间资本流动。在 Campbell 和 Mankiw（1990）、Shibata 和 Shintani（1998）、郭金龙和王宏伟（2003）、王小鲁和樊纲（2004）、豆建民（2005）、郑长德和曹梓烯（2008）、胡凯和吴清（2012）、王喜和赵增耀（2014）等学者的研究中可以看到此类方法的运用。其中，基于支出法的国内生产总值可以表示为居民消费支出总额、资本形成总额、货物和服务的输出净额三部分之和①。居民消费支出总额是城镇居民消费支出总额和农村居民消费支出总额之和②；不同于资本存量，资本形成总额是一个流量概念，包括固定资本形成总额和存货③；不同于国家层面的净出口概念，当把研究对象缩小至省级、地市级研究层面时，区域货物和服务的输出净额包括该区域向国内其他区域的输出净额和该区域向国外的净出口两部分④，辖区间贸易所产生的资本要素流入构成辖区 GDP 的重要一部分，因为根据石敏俊（2013）的测算，中国国内区域间贸易总量远远超出其与国际贸易的发生量。其中，区域向国外的出口净额由区域向国外出口总额与区域从国外进口总额的差值求得。据此，我们可以推算出该区域向国内其他区域货物和服务的输出净额。其基本逻辑关系为：在现代市场经济条件下，资金和货物的对等交换是价值规律的基本体现，在遵循价值规律的基础上就形成了资金和货物的反方向运动。即某地区若存在着资金的净流入，必然存在着货物和服务的净输出；反之，则存在着货物和服务的净输入。

第三节　区域经济中的资本边际报酬与“核心—外围”分析

一、新古典经济学视角下的资本边际报酬递减规律

资本边际报酬递减规律是凯恩斯的“三大基本心理规律”之一⑤，它指出在

① 在历年《中国统计年鉴》中，基于支出法的 GDP 由居民消费总额、资本形成总额、货物和服务的净出口三部分组成，这与我们在经典宏观经济学中的理解（投资、消费和净出口）稍有偏差。

② 数据来源于《中国经济与社会发展统计数据库》，对于缺失数据我们采用（农村居民人均消费支出 × 乡村人口 + 城镇居民人均消费支出 × 城镇人口）计算得出。其中，居民人均消费支出数据来源于历年《中国区域经济统计年鉴》。

③ 数据来源于《中国经济与社会发展统计数据库》，对于缺失数据，我们采用固定资产投资总额进行替代。另外，需要注意的是资本形成总额不同于资本存量，它是一个流量指标，包含固定资本形成总额和存货。

④ 尤为值得关注的是，货物和服务的净出口包含该区域向国内其他区域的净出口和该区域向国外的净出口两部分，这点作者在查询各区域统计年鉴及对比分析货物和服务的净出口额与进、出口差额净值时已严格比对。

⑤ 凯恩斯经济学的“三大基本心理规律”是指边际消费倾向递减规律、资本的边际报酬递减规律和流动性偏好。

企业的短期生产行为中，在外部环境和技术水平不变的条件下，连续等量的资本要素投入会促使边际产出的增加，但是当资本要素投入超出一定的阈值以后，再增加该资本要素的投入所带来的资本边际收益是递减的。资本边际报酬递减规律是企业可实现利润最大化的必要条件，因为在收益最大化（成本最小化）约束下，企业会选择最优的资本要素投入进行生产。

图3－2给出了新古典经济学中企业总产出与资本边际产出的动态关系相图，从图中我们可以看出，在［0，k′］区间，资本边际产出 $\dot{k}$ 为正值，且是逐步提升的，并在k′点处达到最大值，这时总产出 $f(k)$ 以递增的速度增加。在［k′，k*］区间，资本边际产出为正值，且大于0，此时总产出 $f(k)$ 以递减的速度增加，总产出函数 $f(k)$ 在k*处达到最大值。当k大于k*时，资本边际产出变为负值，此时若继续增加资本要素的投入，总产出函数将逐步下降。

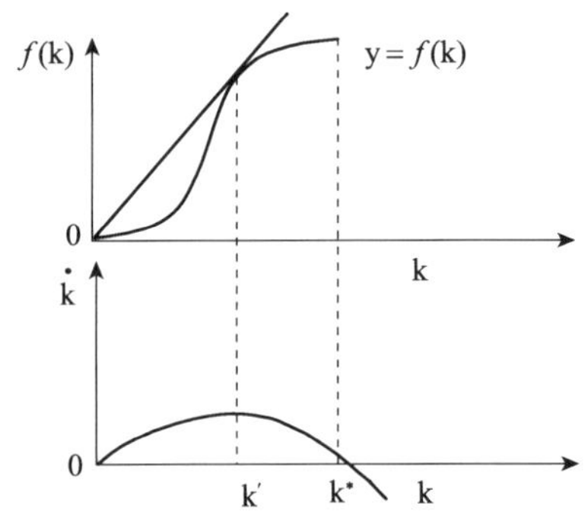

图3－2　总产出与资本边际产出的动态关系相图

现代经济条件下，虽然科技进步和规模经济已经大大弱化了资本边际产出递减规律，但是其依然具有普适性，图3－3给出了2000—2013年中国总体资本回报率的折线图，从图中我们可以发现中国资本回报率的总体特征是趋向于递减，在个别年份有拉升的趋势，这与陈林和朱卫平（2009）、郭熙保和罗知（2010）的研究结果具有吻合之处。陈林和朱卫平（2009）以中国行业微观数据的研究表明资本边际报酬递减规律只是客观地存在于第二产业的部分行业，而第一产业、第三产业则具有资本边际报酬递增的特征；郭熙保和罗知（2010）的研究表明中国省际资本边际报酬基本呈现出持平或者下降趋势，东部沿海省份资本边际报酬略高于中西部欠发达区域，但是从时间演进特征来看，两者呈现出收敛倾向。

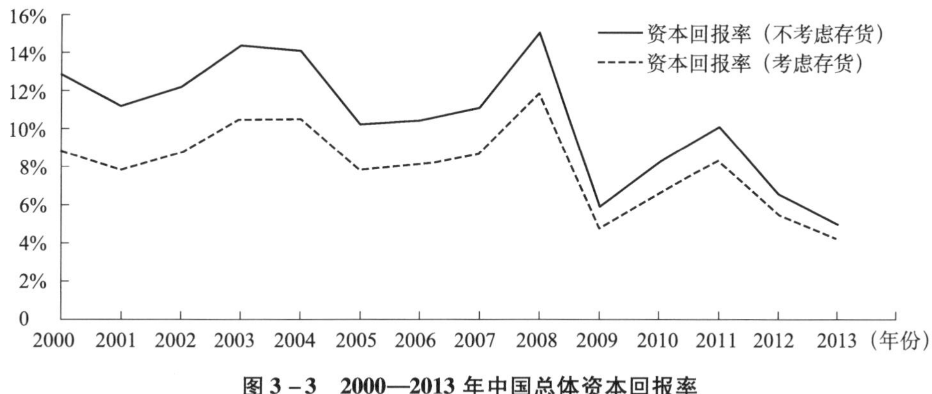

图 3－3 2000—2013 年中国总体资本回报率

数据来源：白重恩，张琼．中国的资本回报率及其影响因素分析［J］．世界经济，2014（10）：3－30.

经济发达的区域资本要素相对充裕，并且其资本创造能力较强，而欠发达区域资本要素较为稀缺。根据新古典经济学的资本边际报酬递减规律，这时资本要素就会由经济发达区域流向经济欠发达区域，直至两区域间资本边际收益达至均衡状态。但是新古典经济理论具有较强的理论假定条件，即它假设技术水平不变且不存在外部客观环境的冲击，而这显然有悖于社会发展的经济现实。

二、“逐底竞争” VS “逐上竞争”：NEG 视角下的资本边际报酬

资本是逐利的，资本的稀缺性使得资本总是倾向于流向能够给其带来最大收益的地区，而地方政府为了最大限度地吸引更多的资本要素注入，总会围绕着税收或者公共财政支出而展开竞争，并进而衍生出关于地方政府“逐底竞争”和“逐上竞争”的争论①。由于财政支出是以税收收入为依托，因此本节我们将以税收竞争为核心进行分析说明。

“逐底竞争”是由标准税收竞争理论所提出，他们认为地方政府间为争夺流动的资本要素，会竞相以低税率吸引企业投资，而且伴随着地方政府的互动博弈和持续竞争，辖区间税率将渐进下行（Huhnerbein 和 Seidel，2007；杨柳，2015）。我们以一个简化的数理模型来说明标准税收竞争理论“逐底竞争”的逻辑：

① 直译自“Race to the Bottom”和“Race to the Top”。

设社会劳均生产函数为 $y = f(k, l)$，其中 k 为资本要素，l 为劳动力要素。且一阶偏导数满足：

$$f'_k > 0, f'_l > 0$$

二阶偏导数满足：

$$f''_{kl} > 0, f''_{kk} < 0, f''_{ll} < 0$$

则，在资本自由流动条件下，资本空间均衡的条件是：

$$\sigma = f'_k - t \tag{3-1}$$

其中，σ 为资本边际收益，f'_k为劳均生产函数对资本的一阶偏导数，t 为社会生产的有效税率。公式（3－1）两边同时对 t 求导可得：

$$f''_{kk} \times \frac{\partial k}{\partial t} - 1 = 0$$

$$即, \frac{\partial k}{\partial t} = \frac{1}{f''_{kk}} < 0 \tag{3-2}$$

从公式（3－2）中我们可以看出资本对税收的反应函数为负值，即当税率提高时，资本会流出该区域，而当税率降低时，资本会流入。图 3－4 展示了资本自由流动下的标准税收竞争模型，在完全分割市场条件下，当税率为 t_0 时，区域间资本空间分布达到均衡，而在开放市场条件下，为争夺资本要素，区域间税收会不断向左偏移，直至达到新的均衡点 t_1，此时税率上具有竞争优势的一方，资本要素拥有量将由 k_0 提升为 k_1。

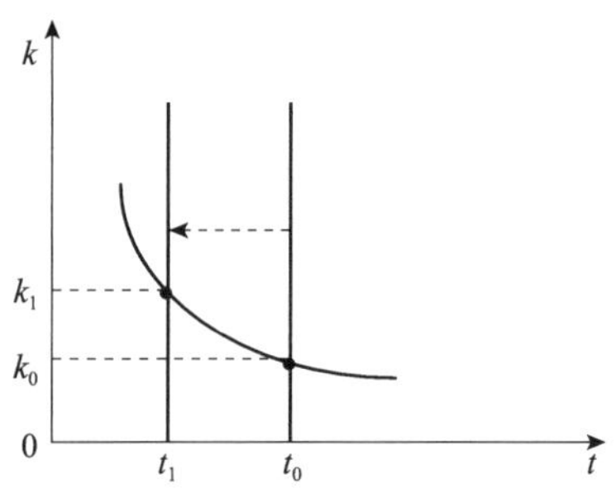

图 3－4　标准税收竞争模型

新经济地理学认为经济系统的内生力量（如规模经济）以及经济活动的外在环境差异（如集聚）会促使经济空间发生分异，一些区域成为核心区域，而另外一些区域构成外围区域，即形成“核心—外围”结构。一般而言，集聚力可以创造核心区位特定的租金，对此租金征收一定税率的税收不会导致资本的外溢。图3－5给出了新经济地理理论中“核心—外围”结构下税收竞争的曲线图。其中横轴 ϕ 表示市场开放度，纵轴 t 表示税率。

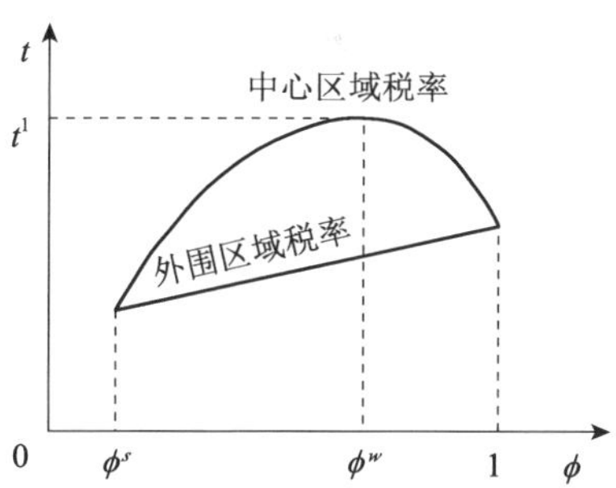

图3－5 NEG的税收竞争模型

资料来源：Richard Baldwin，Rikard Forslid，Philippe Martin，et al. Economic Geography and Public Policy. Princeton University Press，2003：415.

辖区税收往往表征了区域经济的开放程度，而所有新经济地理学模型都具有驼峰状的集聚租金。一般而言，中心区域往往在资源禀赋、地理条件等方面占有经济优势，而内生于集聚经济的技术创新、产业关联、劳动力效率提升也有益于中心区域企业获得超额收益，这是中心区域企业获得集聚租的前提和基础。

如图3－5所示，伴随着区域经济一体化（或者说是市场开放度）的提升，交易成本的下降有利于降低外围区域工业品价格、提升外围区域工人实际工资，因此外围区域实际税率有逐步提升的倾向。而中心区域税率则等于外围区域税率加集聚租，我们看到在集聚租达至持续点税收差异（ϕ^w，t^1）之前[①]，集聚经济的正面效应占主导地位，因此核心区域的税率提升速度是高于外围区域的，而在持续点税收差异（ϕ^w，t^1）之后，集聚经济的负面效应占主导地位，中心区域税率是逐渐下降的。并且伴随着市场开放程度的提升，核心区域和外围区域经济要素布局达至新的均衡。把核心区域和外围区域作为一个整体来分析和比较，我们就可以得出“向高税率竞争”的结论。

以本书所用中国市级层面样本数据为分析样本，表3－1给出了地方政府竞争、空间集聚与资本边际报酬的偏相关系数列表。我们用地方政府财政支出竞争

---

① “持续点税收差异”是指在不发生资本外溢的情况下，核心区域可以维持集聚的最高税率差异（这种税率差异是相对于外围区域而言的）。

(*fcompe*) 和地方政府税收竞争 (*tcompe*) 两个指标来表征地方政府竞争，分别以地方政府财政支出占地方 GDP 的比重和地方政府税收收入占地方 GDP 的比重加以衡量，空间集聚程度 (*agglo*) 我们采用非农就业人口的区位熵来表示，区域资本边际报酬 (*marout*) 参照白重恩和张琼 (2014) 的算法得出。

由表 3-1 我们可以发现：各变量的偏相关系数均显著相关，其中集聚和税收竞争指标的偏相关系数为0.1741，即集聚程度越高的地区税率也越高，这说明我国区域地方政府显然存在着对集聚租金的征税行为。这不同于钱学锋和黄玖立 (2012) 的研究结论，他们认为中国地方政府并未对集聚租金征税，税收的“逐底竞争”以及由此而衍生出来的政策租是当前地方政府空间竞争的常态。但是 Coulibaly (2008) 基于瑞士城市层面样本数据的研究则表明集聚租是客观存在的，地方政府存在对集聚租金的征税行为。

表 3-1 同时显示出税收竞争与区域资本配置效率呈现出负相关关系，但是需要注意的是，税收竞争是一个逆向指标，因此对于其负相关关系我们可以理解为辖区税率越高，资本配置效率越低，而辖区税率越低，则资本配置效率越高，这也与现实生活中的直观感觉相一致；财政支出竞争同样显现出与区域资本配置效率的负相关关系，即说明财政支出越高的区域，资本配置效率反而越低，而财政支出越低的区域，资本配置效率反而越高。这一现象产生的原因主要有两点：一是资本的边际报酬递减规律，导致资本要素丰裕的核心区域边际报酬较外围区域更低。二是指标设定问题。由于我们是以平均财政支出水平衡量地方政府财政支出竞争，而中西部地区由于“吃饭财政”现象导致其平均财政支出水平占比较高。

表 3-1 政府竞争、空间集聚与资本边际报酬的偏相关系数表

	marout	*fcompe*	*tcompe*	*agglo*
marout	1			
fcompe	-0.4400***	1		
tcompe	-0.1942***	0.2818***	1	
agglo	0.2485***	-0.2582***	0.1741***	1

注：*** 代表 1% 的显著性。

三、地方政府竞争对资本流动有效性的一个简化分析

资本要素是地方政府竞争的核心内容，在资本非完全不变弹性条件下，本小

节将在新经济地理学 BTCM① 模型的基础上引入地方政府竞争变量以分析地方政府竞争对资本空间分布的影响。为简化分析，在两区域模型中（设定其为区域 1 和区域 2），我们设定生产函数是柯布—道格拉斯形式的，忽略劳动力要素投入，区域产出只受制于资本要素投入 K 和地方政府竞争强度 τ，则其可表达为：

$$Y_i = F(K_i, \tau_i) = \tau_i K_i^{\alpha}, (i = 1,2; 0 < \alpha < 1) \tag{3-3}$$

其中，Y_i 为总产出，K_i 为资本要素，τ_i 表示地方政府竞争强度，如相较于邻近辖区，该辖区实施了更低、更优惠的税率或者是在住房、教育、医疗等公共服务的供给上提供了更为优越的条件。α 为资本产出弹性，$0 < \alpha < 1$ 表明总产出函数符合资本边际产出递减规律。

我们假设资本能够完全自由流动，且两地区资本总量固定，即 $K_1 + K_2 = K$②。我们知道，在资本自由流动的完全市场经济条件下，区域资本要素空间分布均衡的条件是两区域的资本边际收益率 r 相等，即 $r_1 = r_2 = r^*$，其中 r_1、r_2 分别是区域 1 和区域 2 的资本边际收益率，r^* 是两区域资本要素空间分布均衡时的资本边际收益率。

根据公式（3－3）的总产出函数，我们求取其对资本要素 K 的偏导数，得到：

$$r_1 = \partial Y_1 / \partial K_1 = \alpha \times \tau_1 \times K_1^{\alpha-1} \tag{3-4}$$

$$r_2 = \partial Y_2 / \partial K_2 = \alpha \times \tau_2 \times K_2^{\alpha-1} \tag{3-5}$$

由公式（3－4）和（3－5）可得：

$$\frac{K_1}{K_2} = \left(\frac{\tau_1}{\tau_2}\right)^{1/(1-\alpha)} \tag{3-6}$$

由于 $0 < \alpha < 1$，所以 $1/(1-\alpha) > 1$，所以区域 1 和区域 2 资本要素占有份额取决于其地方政府竞争强度，竞争强度越大的地方政府将占有更高的资本份额。进一步地，根据式（3－3）、（3－4）、（3－5）、（3－6）我们给出资本要素市场出清时的资本的边际收益率及资本要素的空间分布情况：

$$r^* = \alpha K^{\alpha-1} \left[\tau_1^{1/(1-\alpha)} + \tau_2^{1/(1-\alpha)} \right]^{1-\alpha} \tag{3-7}$$

$$K_i = K \left[\tau_1^{1/(1-\alpha)} + \tau_2^{1/(1-\alpha)} \right]^{-1} \tau_i^{(1/(1-\alpha))} \tag{3-8}$$

---

① 新经济地理学中的税收竞争模型。

② 该假定限制了资本的内生性，即资本只在两区间跨区域流动，一个地区资本量的增多是以另一地区资本量的减少为代价的。

第四节　地方政府竞争对资本流动的作用机制分析

在第三节，我们基于简化的 BTCM 模型探讨了地方政府竞争对资本流动的有效性问题，可以发现在其他条件不变的前提下，资本要素的空间分布取决于地方政府竞争强度。但是上述基于新古典经济学基准模型的简化分析并没有给出微观主体的决策考量，而企业作为资本的人格化，其微观决策动机反映了资本流动的客观规律，因此本节将在拟线性的自由资本模型（FC）的框架上探讨地方政府竞争对资本流动的作用机制。与标准 FC 模型相比，拟线性 FC 模型的效用函数更为简单，而且消除了需求的收入效应，并进而消除了需求关联的循环累积因果关系（安虎森，2009）。

一、理论假设

本书在 Krugman（1991）“核心—外围”模型的基础上进行扩展。标准的核心—外围模型假设经济系统由两个区域（北部和南部）、两个部门（农业部门和工业部门）以及两种生产要素（资本要素和劳动力要素）构成（即“2×2×2”模型）。两区域在产品偏好、技术能力、贸易开放度以及初始资源禀赋方面是对称的；农业部门遵循瓦尔拉斯一般均衡范式（即规模报酬不变和完全竞争），工业部门以垄断竞争和规模报酬不变为基本特征，且区域内部贸易无成本，区际贸易遵循“冰山成本”原则，即每运输 τ（$\tau \geqslant 1$）单位的产品，只有 1 单位产品可到达目的地；资本所有者及劳动力要素在区域间不可以流动，但是资本要素可以跨区域自由流动，且在整个经济系统中资本要素的所有量一定，居民不存在着储蓄行为；而每个企业只是用一单位资本要素作为固定资本，并且只生产一种产品。

本书对标准“核心—外围”模型的拓展主要体现在两个方面：（1）与刘寒波（2007）类似，将两部门重新构建为公共部门和私人部门。（2）地方政府竞争体现的是地方政府的博弈“让利”行为，这种博弈“让利”行为实质上是对企业的资本边际收益进行补贴。因此，在企业的成本函数中，我们引入了地方政府竞争因子 r 以体现出地方政府的这种“让利”行为。

二、模型的建立及均衡分析

（一）消费均衡

由于两区域居民偏好相同，故其效用函数相同。我们将辖区内代表性居民的效用函数统一设定为：

$$U = C_P^{\mu} C_G^{1-\mu}, \mu \in (0,1) \tag{3-9}$$

其中，C_P 和 C_G 分别表示消费者对私人产品和公共产品的消费数量，μ 表示支出在私人产品上的支出份额，$1-\mu$ 表示在公共产品上的支出份额。

复合私人产品的定义为：

$$C_P = \left[\int_0^N c(i)^{\frac{\sigma-1}{\sigma}} di\right]^{\frac{\sigma}{\sigma-1}}, \sigma > 1 \tag{3-10}$$

其中，N 表示整个经济系统中私人产品的种类数量之和，c_i 为第种私人产品的消费数量，σ 表示消费者消费不同种类私人产品之间的替代弹性，σ 越小表示消费者的多样性消费需求越强烈，私人产品之间的替代能力越弱。

消费者预算约束为：

$$P_P C_P + P_G C_G = E, \text{其中 } P_P = \left(\int_{i=0}^N p_i^{1-\sigma} di\right)^{1/(1-\sigma)} \tag{3-11}$$

P_P 表示私人产品集合体的供给价格，P_G 表示公共产品集合体的供给价格，p_i 为第 i 种私人产品的市场价格。利用消费者效用最大化条件：

$$\max U(C_P, C_G) \tag{3-12}$$

$$s.t. P_P C_P + P_G C_G = E \tag{3-13}$$

求解可得：

$$C_P = \mu E/P_P, C_G = (1-\mu)E/P_G, c_i = \mu E (p_i)^{-\sigma}/(P_P)^{1-\sigma}$$

（二）生产均衡

生产均衡包括私人产品供给的生产均衡和公共物品供给的生产均衡。从上式消费均衡的结论中可以看出，消费者的最优决策是将其收入的（$1-\mu$）部分支出在公共产品上，μ 部分支出在私人产品的消费上。由于与标准“核心—外围”模型中的农业部门类似，政府公共服务的供给不存在空间流动，遵循一般均衡的瓦尔拉斯恒等式，因此其供给价格等于成本。此时，公共物品的供给实现空间均衡。这也与现实中的公共物品价格制定相一致。而由于存在资本的跨区域流动，且私人部门产出以劳动作为投入要素，因此我们将进一步推算私人产品部门供给的空间均衡。

在“D-S”模型中，代表性企业的生产函数可以写为：

$$C(x) = \pi^* + awx \tag{3-14}$$

其中，π^* 为单位资本的报酬或者表示为资本的收益率，a 表示单位产出的劳动力要素投入，w 表示劳动力要素的工资价格。由于我们认为地方政府竞争以“让利”的方式内在地提升了企业的资本收益率，类似于形成一种边际收益补贴，我们将其记为 r，则：$\pi^* = \pi + r$，其中 π 表示不存在政府竞争行为时的企业资本的自然收益率，r 表示由地方政府竞争形成的类边际收益补贴。

在上述分析中我们知道居民在私人产品集合体上的支出为 μE，且在理论前提中我们设定资本所有者及劳动力要素在区域间不可以流动，但是资本要素可以跨区域自由流动，居民不存在着储蓄行为。因此，根据“收入—支出”均等式我们可以得出：

$$\int_0^N p_i c_i di = \mu E = \pi K + \omega L \tag{3-15}$$

其中，E 代表居民收入，K 和 L 分别代表资本要素和劳动力要素，π 和 ω 分别代表资本和劳动力要素的价格。在此预算约束下，有：

$$\max U_P = \left[\int_0^N c(i)^{\frac{\sigma-1}{\sigma}} di\right]^{\frac{\sigma}{\sigma-1}}, \sigma > 1 \tag{3-16}$$

$$s.t. \mu E = \int_0^N p_i c_i d_i \tag{3-17}$$

p_i 为第种私人产品的市场价格，c_i 为第种私人产品的消费数量，其余字符的释意如上文所示。据此，构建拉格朗日函数：

$$L = \left[\int_0^N c(i)^{\frac{1-\sigma}{\sigma}} di\right]^{\frac{\sigma}{\sigma-1}} + \lambda\left[\int_0^N p_i c_i di - \mu E\right] \tag{3-18}$$

将等式（3-18）对 c_i 求导并令该导数为0，可得：

$$\left[\int_0^N c_i^{(\sigma-1)/\sigma} di\right]^{1/(\sigma-1)} c_i^{-1/\sigma} = -\lambda p_i \tag{3-19}$$

式（3－19）两边同时取 $-\sigma$ 次方，可得：

$$\left[\int_0^N c_i^{(\sigma-1)/\sigma}di\right]^{-\sigma/(\sigma-1)} c_i = -\lambda^{-\sigma}p_i^{-\sigma} \tag{3-20}$$

式（3－20）两边同乘以 p_i，并进行初次积分，可得：

$$\left[\int_0^N c_i^{(\sigma-1)/\sigma}di\right]^{-\sigma/(\sigma-1)} \times \mu E = -\lambda^{-\sigma} \times \int_0^N p_i^{1-\sigma}di \tag{3-21}$$

将式（3－20）和式（3－21）两式相除，并将 i 换做 j $\left(\int_0^N p_i^{1-\sigma}di\right.$ 表示价格指数$\left.\right)$，可得：

$$c_j = p_j^{-\sigma}\mu E/\int_0^N p_i^{1-\sigma}di \tag{3-22}$$

生产均衡时，企业边际成本为0，且由于存在着冰山贸易成本，故可求得区域私人产品在本区域和另一区域的供给价格分别为：

$$p = \frac{aw_L}{1-1/\sigma},\ p^* = \frac{\tau aw_L}{1-1/\sigma} \tag{3-23}$$

假设一个企业，其在本地的市场销售量为 c，销售价格为 p，在另一区域的销售量为 c^*，且由于存在着冰山贸易成本，销售价格定为 $p^*=\tau p$。则企业总产出为 $x=c+\tau c^*$，企业的销售收入是 $pc+p^*c^*=p(c+\tau c^*)=px$。在垄断竞争的情况下，企业超额利润为0，销售收入等于生产成本，即 $px=\pi^*+aw_Lx$。根据等式（3－23）可以求得：

$$\pi^* = px/\sigma \tag{3-24}$$

又 $c=\mu Ep^{-\sigma}P_P^{-(1-\sigma)}$，$P_P^{1-\sigma}=Np^{1-\sigma}[s+\tau^{1-\sigma}(1-s)]$，其中 s 为经济系统中本地区的支出所占份额。这样利润函数可以进一步写为：

$$\pi^* = \frac{\mu}{\sigma}\times \mathrm{B}\frac{E}{K}, \text{其中 } B = \frac{s}{\Delta} + \tau^{1-\sigma}\frac{1-s}{\Delta^*},$$

$$\Delta = b + \tau^{1-\sigma}(1-b), \Delta^* = \tau^{1-\sigma}b + (1-b)$$

b 为经济系统中本辖区企业数量所占份额。这样在“核心—外围”区域中，两区域的资本收益率之差可表示为：

$$\pi_1^* - \pi_2^* = \frac{\mu}{\sigma}\times\frac{E}{K}\times(B_1 - B_2) \tag{3-25}$$

对 B 的定义与上文相同，下标1和下标2仅用作区分两空间区域。

又，在公式（3－14）的分析中我们知道 $\pi^*=\pi+r$，故公式（3－25）可改写为：

$$\pi_1^* - \pi_2^* = \frac{\mu}{\sigma} \times \frac{E}{K} \times (B_1 - B_2) + (r_1 - r_2) \tag{3-26}$$

通过上述分析我们可以知道区域资本收益率的差异可分解为两部分，一部分是无政府干预时的资本的自然收益率差异，一部分是地方政府竞争程度的差异，地方政府竞争强度越大（例如更低的税率或者更为优越的公共服务供给），则其内化到资本收益的部分则就越大。但是需要明晰的是，现代市场条件下，政府税收收入和辖区公共服务供给具有较强的相关性，（低税率，优公共服务）公共服务供给的组合安排不具有可持续性，除非存在着转移支付或者公共债务等其他政府性收入。

第五节　进一步讨论：资本流动与区域经济均衡

资本要素在一国内部的流动与配置是实现区域经济均衡增长的重要推动力（刘新争，2014）。新古典经济学家认为伴随着资本边际生产率的递减，企业将不断寻求和开拓新的投资空间，因此，资本流动将引致区域经济的空间均衡；新制度经济学则提出了相反的论调，他们认为资本要素的空间流向与区域经济制度密切相关，发达区域拥有更为卓越的治理能力和制度条件，因此资本在空间上往往表现为从欠发达区域流向发达区域。此时，区域经济差距将会进一步扩大；而新经济地理学则认为，在区域空间的“块状”经济形态下，资本要素的空间分布往往与系统环境息息相关，若集聚区域产生的集聚租金收益远远大于集聚经济的负外部性，这时资本要素就会涌入，区域经济差距会扩大。反之，资本要素就会流向外围欠发达区域，区域经济差距就会缩小。

借鉴姚枝仲和周素芳（2003）、肖燕飞（2012）的研究，我们以一个简化的数理模型来分析区域资本流动对区域经济空间均衡的影响。

假设有南、北两个地区，分别表示为 S 和 N，南部地区相对落后，北部地区较为发达，不存在资本的内生创造，劳动力符合无限期界模型，即数量不变、永生不老；劳动力不可以流动，资本可以流动；商品的区域间自由流动并引致要素价格均等[①]（Samuel son，1948、1949；Slaughter，1997），并假设劳动力要素价

① 要素价格均等并不意味着人均收入均等。

格为 w，资本价格为 r。初期，南部和北部地区的总收入可以表示为：

$$Y_S = wL_s + rK_S \tag{3-27}$$

$$Y_N = wL_N + rK_N \tag{3-28}$$

其中，Y_S 和 Y_N 分别为南部和北部地区的总收入，L_S 和 L_N 分别为南部和北部地区的劳动力要素，K_S 和 K_N 分别为南部和北部地区的资本要素。初期，南部和北部地区的人均收入可以表示为：

$$\frac{Y_S}{L_S} = w + r\frac{K_S}{L_S} \tag{3-29}$$

$$\frac{Y_N}{L_N} = w + r\frac{K_N}{L_N} \tag{3-30}$$

初期，北部地区和南部地区的人均收入差距可以表示为：

$$D_0 = r\left(\frac{K_N}{L_N} - \frac{K_S}{L_S}\right) \tag{3-31}$$

等式（3-31）表明区域经济差距与人均资本拥有量密切相关，资本要素富裕的地区其人均收入也更高。现在假设资本开始流动，从南部地区流入北部地区的资本量为 ΔK，则当前条件下，两地的总产出分别为：

$$Y_S = wL_s + r(K_S - \Delta K) \tag{3-32}$$

$$Y_N = wL_N + r(K_N + \Delta K) \tag{3-33}$$

一般而言，从南部地区流入北部地区从事生产活动的资本 ΔK 所创造的收入为 $r \times \Delta K$，而其中的一部分将会支付给南部地区的资本所有者并构成南部地区的总收入，设其比例为 a，则经过调整后的南部地区和北部地区的总收入为：

$$Y_S = wL_s + r(K_S - \Delta K) - ar \times \Delta k \tag{3-34}$$

$$Y_N = wL_N + r(K_N + \Delta K) + ar \times \Delta K \tag{3-35}$$

此时，北部地区和南部地区的人均收入差距为：

$$D_1 = r(\frac{K_N}{L_N} - \frac{K_S}{L_S}) + r(1-a) \times \Delta K\left(\frac{1}{L_S} + \frac{1}{L_N}\right) \tag{3-36}$$

由公式（3-36）减去公式（3-31）可得：

$$D_1 - D_0 = r(1-a) \times \Delta K\left(\frac{1}{L_S} - \frac{1}{L_N}\right) \tag{3-37}$$

由公式（3-37）可以看出，资本流动对区域经济收入差距的影响取决于资本流动的方向和规模，资本若是从落后区域流向发达区域，则区域经济差距会扩大。反之，若资本从发达区域流向落后区域，则区域经济差距会缩小。

第六节　本章小结

在传统的新古典经济学分析方法的典范“阿罗—德布鲁体系”中，忽视了空间因素对区域经济活动的影响，由此导出现实世界是“无城市的空洞经济”，但是其推崇的一般均衡分析方法却成为后来经济学者研究经济问题的基本范式。Krugman（1991）将空间因子引入传统的新古典经济学，为新经济地理学提供了较为成熟的拥有牢固微观基础的一般均衡分析。本章主要是理论机制分析，综合运用了新古典经济学和新经济地理学研究范式和研究内容，深层次探讨了研究对象的互动作用关系。本章研究显示出：

第一，边际报酬递减规律是经济学的基本规律，中国区域资本边际报酬符合边际报酬递减规律准则。

第二，标准税收竞争理论范式下，资本对税收的反应函数为负值，即当税率提高时，资本会流出该区域，而当税率降低时，资本会流入。而这一论点在新经济地理学中则不必然成立，新经济地理学认为由集聚经济、平台经济以及产业前后关联引致的本地市场放大效应、生活成本效应和市场竞争效应可能会促使核心区域产生“集聚租”，所以核心区域的税率往往高于外围区域。

第三，基于简化的 BTCM 模型的分析表明区域资本要素的占有量与地方政府竞争程度正相关，即竞争强度越大的地方政府将占有更高的资本份额。

第四，地方政府竞争对资本流动的作用机制着重表现为由地方政府竞争产生的“让利”会内化于企业资本收益，这种类补贴的行为有利于辖区空间的资本流入。资本流动对区域经济收入差距的影响取决于资本流动的方向和规模，资本若是从落后区域流向发达区域，则区域经济差距会扩大。反之，若资本从发达区域流向落后区域，则区域经济差距会缩小。

第四章　地方政府竞争下的区域经济活动：空间特征与现实描述

第一节　引言

由表及里，透过现象看本质是分析和解决问题的基本演绎逻辑。在经济发展过程中，大国经济的一个不可回避的问题即是区域市场分割和边界效应特征，在“块状经济”地理空间作用形态下，它使得地方政府“辖区利益”界限分明。地方政府竞争是制度创新过程的经济改革，作为“中国式财政联邦主义”带来的必然结果，对资本要素的争夺贯穿中国区域经济发展时空演进的全过程，而这又会反作用于中国区域经济地理。

在“第一自然”的约束和“第二自然”的诱导下①，区域经济的空间不均衡则表现为一种常态。纵观中国历史经济空间格局，唐朝（公元618—907年）及其以前，中国经济的重心一直维系在西安、洛阳一带，中国区域经济空间的不平等更多地表现为南、北方向上的差异，而及至宋代（公元960—1279年），中国经济重心渐进南移，中国区域经济空间不均等开始表现为东、西方向上的不均等。虽然出于国防需要以及依据生产力布局平衡理论，新中国对中、西部的经济发展多有政策倾斜，但是这并未能有效改变我国区域经济空间不均等的现实。因此，也形成了当前我国区域经济增长中的“引资竞争”和开发区热现象。

---

① 对“第一自然”和“第二自然”的划分始自克鲁格曼（1993），其中“第一自然”多指自然地理因素，而“第二自然”则普遍指人力因素对经济地理的“重新改造”。

德国经济学家沃勒·桑巴特认为，财富的产生是一种有意志倾向的结果，是一种特定的、有意的政策带来的结果。为吸引资本要素流入和创造市场经济繁荣，作为公共利益的捍卫者和执行者的政府部门必然实施竞赛式的战略性经济政策。莱纳特（2010）认为始自英王亨利七世（1485）的竞赛式的战略性经济政策，颠覆了人们对经济发展中完全自由市场经济的“集体寻租”① 的认知，对于一些资源贫乏但是市场规模巨大的区域，财富来自不完全竞争而不是完全竞争。例如，“亚洲四小龙”和“亚洲四小虎”的崛起显然是利用了全球产业周期和梯度转移的有利时机，并且制定了行之有效的产业承接和产业引导政策。正如林毅夫（2014）所言，不仅仅局限于产业政策，政府政策不一定皆为有效，但是经济成功转型的国家大多实施了有效的公共政策。

基于上述理论和背景分析，利用 Arcgis 10 软件，本章将翔实而客观地展示2000—2013 年中国区域间政府竞争、资本流动和区域经济的空间特征和空间差异，并尝试进行初步的探索性分析。关于本章的数据来源我们进行简要说明：《中国区域经济统计年鉴》和《中国城市统计年鉴》对我国地市级层面的经济活动数据进行了精准统计，同时，我们交叉使用了上海财经大学 EPS、中经网、国研网、中国经济与社会发展等统计数据库，对于部分缺失数据我们采取三种方法予以插补，（1）线性平滑方法；（2）空间邻接算术平均法；（3）选取同区域具有相似经济社会情况的区域指标予以替代。同时，值得注意的是，由于经济和社会形势的客观要求，我国地市级层面多存在着区域间边界调整和重新划分，对于此类样本，我们对样本数据进行归并处理②。

本章余下内容安排如下：第二节为关于中国地方政府竞争的现实描述，主要介绍财政分权与中国地方政府竞争的兴起、中国地方政府竞争的方式特征、空间差异和地方政府竞争的经济效应分析三个方面的内容；第三节为关于中国区域间资本流动的现实描述，主要介绍中国区域间资本流动的趋势与特征、中国区域间资本流动的形式与内容、中国区域间资本流动的经济效应分析三个方面的内容；第四节为关于中国区域经济活动空间分布的现实描述，主要从中国区域经济活动

---

① “集体寻租”概念是建立在古典经济学理论基础之上，该理论认为伴随着市场扩张和产业细化，分工协作和贸易将使得产业链的各层次人群集体受益。

② 主要包括江苏省的盐城市，安徽省的合肥市、芜湖市、马鞍山市，广东省的潮州市，广西壮族自治区的南宁市和柳州市，宁夏回族自治区的银川市、石嘴山市，新疆维吾尔自治区的乌鲁木齐市。

的空间分布特征、中国区域经济活动的空间演化特征两个方面进行探索性分析和研究；第五节为本章小结。

第二节 关于中国地方政府竞争的现实描述

一、财政分权改革与中国地方政府竞争的兴起

威权政治和垄断经济是东亚政治和经济的典型特征[①]，中国政治历史周期的一个核心议题即是中央对地方政府的赋权问题（主要是政治权力和经济权力）。而之所以形成中央对地方的“赋权”，则有以下成因：一是“君权神授”和“大一统”观念的形成，使得科层制[②]行政管理体制的概念深入人心。在长达5000年的中国历史中，“分久必合，合久必分”观念深入人心，使得中国长久以来一直以统一的姿态屹立于世界民族之林，即使存在短暂的分裂过程，历代王朝的君主也把统一作为政治追求的最高目标。二是中央政府需要地方政府承认其统治合法性问题。三是基于利益分割和“集体寻租”理论，政治精英和经济精英要求具有一定的辖区治理权限。四是基于信息对称理论，辖区社会治理能够提供更为合适和优越的公共服务。以上四点表明了为何在中国乃至东亚政治历史上形成了“赋权”而不是区域自治概念。而“赋权”形成的一个很大的问题即是地方政府的尾大不掉，中央政府的宏观调控能力大大减弱。

参照奥尔森（2007）的“泛利性统治集团”[③]概念，姚洋（2008）提出了“泛利性政府”概念，而中国政府则是典型的“泛利性政府”，因为政府在经济发展中始终扮演着重要角色，且始终坚持国家利益与民众诉求相结合，坚持以经济建设为重心。但是自新中国成立以来一直困扰着中央政府的一个难题就是如何调动地方政府发展经济的积极性，而根据当时的经典理论和客观需要，解决这一

① 这里“垄断经济”不仅指市场经济中形成的垄断，而且涵盖了政府在经济起飞和经济发展中的引导和控制作用。

② “科层制”又称“官僚制”，是指“自上而下”形成的政治、经济权利分工和社会分层。

③ 与“分离性统治集团”概念相对，是指统治性集团的利益需要与广大民众的利益诉求有广泛的重叠基础。

问题的核心方案则指向了财政体制改革。

中国的财政体制改革并非是一蹴而就的，而是经历了一个逐步探索的改革阶段。表4-1给出了新中国成立以来我国财政体制改革的演进历程，从中可以看出我国财政体制改革大致分为四个阶段，其中第一阶段为1949—1953年，这一时期我国实行的是“统收统支”的财政政策。这一政策体制的典型特征即在于财政的收、支两条线，财政体制高度集权，地方政府不存在财政的自主决策权力。地方政府财政收入统一上缴中央，地方政府财政支出报备中央，并统一划拨，财政收、支的计划经济特征明显。“统收统支”的财政体制是在特殊的政治和经济背景环境下形成的，保证了解放初期我国政治和社会经济的平稳运行，但是抑制了地方政府经济建设的积极性。1954—1978年是我国财政体制改革的第二个关键阶段，保证革命的胜利果实和经济建设并重是这一时期的目标，因此我国实行了“统一领导、分级管理”的行政体制，这一时期的财政管理体制依然遗留有计划经济的特征，主要体现为中央政府拥有统一的财政政策、财政法规和财政法令的制定权限，地方财政收入和财政支出的规模、结构由中央指令下达。但是相对于“统收统支”的高度计划财政体制而言，“统一领导、分级管理”的财政体制从形式上确立了地方政府作为财政主体的权力，而且地方政府拥有一定的财政自主权限，虽然这种权限很小。1979—1993年是我国财政体制变革的第三个关键阶段，这一时期我国财政为“分灶吃饭”阶段，又称为“财政包干”制度阶段，又可细分为“划分收支、分级包干”“财政定额包干”和“划分税种、核定收支、分级包干”等多种财政包干形式，但其总体特征基本表现为如下两点：一是地方政府作为一级财政权利主体，其权、责、利范畴基本明确。二是“超支不补、结余自用”使得地方政府拥有了财政的剩余支配权利，极大地激发了地方政府的积极性。但是随着社会整体经济的发展，“财政包干”制度明显弱化了中央宏观调控职能，而且拉大了财政的空间不均等。理顺中央和地方的财政分配关系是现代财政体制改革的基本方向，而1994年的分税制财政体制改革是我国财政管理体制上的最为重要的一环，其主要特征表现为基于财权和事权相对称原则，按照税种划分中央和地方政府的税收收入及其比例，地方政府具有较强的财政自主权力。分税制财政管理体制虽然强化了中央政府的宏观调控能力，客观上也确实调动了地方政府发展本辖区经济的积极性，但是分税制财政体制改革不可避免地引起了地方政府竞争问题（周业安和冯兴元等，2004；张军，2005；Liu 和 Vazquez，2014），尤其是为吸引资本流入的地方政府横向竞争（谢贞发和范子英，2015）。

表 4-1　　新中国成立以来我国财政体制改革演进历程

	"统收统支"阶段	"统一领导、分级管理"阶段	"分灶吃饭"阶段（又称"财政包干"制度）	"分税制"阶段
时间	1949—1953 年	1954—1978 年	1979—1993 年	1994 年至今
主要特征	收支两条线；财政管理的一切权限集中在中央；一切财力集中在中央；一切支出统一由中央核拨；统一国家预算	统一的财政方针和政策，统一的财政法令和规章制度。地方预算，中央核定。地方政府有一定财政自主权利，计划指令特征明显	财政包干制度（主要包括划分收支、财政包干和划分税种财政包干），中央对地方财政的行政干预减弱	以税种为基础，按照财权和事权对称原则划分收支责任，地方政府具有较强的财政自主权利
结果导向	财力过于集中于中央，地方收支不挂钩，损伤了地方政府经济建设的积极性	这种财政体制具有平衡财政的思想，而且只限于财政政策的执行过程中。如只在"支出"侧给予地方政府一定的权利，"收入"侧并不放开。造成"一放就乱，一收就死"局面	中央对于地方财政支出不再具体干涉，收入分灶，地方政府收支权利范围明显扩大。地方政府积极性明显提升，但是造成地方"诸侯经济"和"两个比重"①低谷局面	为我国政府由"管理型"向"服务型"、由"生产型"向"建设型"过渡奠定了基础。地方政府成为具有独立利益的行为主体，但是也造成了地方政府竞争局面

分税制财政管理体制明晰了各级政府财政预算的主体地位，中央和地方分别有其收支来源和收支结构。因此，在财政规则允许的范围内，地方政府也就有权利决定税收减免以及财政支出的结构和偏向。

在分税制财政管理体制下，地方政府竞争着重体现在税收竞争和财政支出竞争两个层面。图 4-1 给出了 2000—2014 年中国地方财政收入和地方财政支出占全国总财政收入和全国总财政支出的比重。从图中可以看出分税制财政体制改革以来，地方政府财政收入占比基本维持在 40%—50%，而地方政府财政支出占比则大致维持在 65%—80%，地方政府巨大的财政收支差额则主要是通过转移支付、地方的财政赤字、地方政府平台融资等方式予以弥补，但是相比于地方政府

① "两个比重"是指财政收入占 GDP 的比重和中央财政收入占全国总财政收入的比重。

财政收支预算所具有的公开性、法定性和完整性等基本特征，以上财政差额弥补方式具有更大的机动灵活性，而且转移支付的“粘蝇纸效应”① 和“政府俘获”② 现象也深刻影响着地方政府的财政收支结构和偏性，并进而关乎其对资本等流动要素的吸引能力。

需要注意的一点是，“中国式财政分权”与西方经典理论中的财政分权稍有不同，西方经典财政分权理论假设地方政府对选民负责，在要素自由流动条件下，居民具有“用脚投票”的权利，而“中国式财政分权”中，地方政府不仅仅对地方公民负责，而且要对上（即中央政府）负责，且囿于中国的户籍制度约束，政治晋升激励对经济发展的激励作用显然更强，因此也就形成了地方经济增长中的“政治晋升锦标赛”（周黎安，2007）。

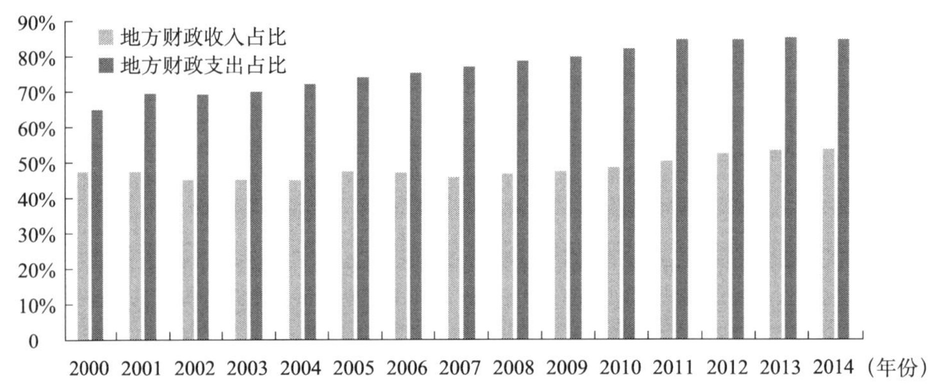

图 4－1　2000—2014 年中国地方财政收入和财政支出占全国总财政收入和总财政支出的比重

二、地方政府竞争的政策特征与政策选择

“配第—克拉克”定律告诉我们，产业结构的演进是一个逐步高级化的过程，即伴随着经济的发展，第一产业产值比重将逐步下降，而第二、第三产业的

① “粘蝇纸效应”是指地方政府的微观决策主体通过影响公共政策的制定而将中央政府给予的补助、转移支付等资金截留在地方政府内部，从而扩大了地方政府部门支出。

② “政府俘获”是指企业单位或者资本个体等通过寻租、给党派候选人提供竞选资金等方式以获得有利于自身发展的政策、法律、法规等制定的倾向。

产值比重将逐步提升。而且在现代社会中，工业和服务业越来越成为国民经济的主导产业和财富生产的主要部门，因此地方政府竞争也更多地体现为对产业和产业部门之间的争夺。

在“中国式财政分权”下，经济目的服从于政治目的（姚洋，2008），在地方政府可控的资源权限范围内，地方政府会尽其所能强化对流动资本要素的吸引。一般而言，地方政府竞争的手段无外乎地方政府制度软环境的竞争、地方政府财政支出竞争和地方政府税收竞争，而制度环境的改变是一个渐进的历史过程，通常需要较长的时间来改变，所以在地方官员任期周期内①，其更倾向于使用在短期内政策效力更好的税收竞争和财政支出竞争。

地方政府之间的竞争，既是资源分配的利益冲突问题，也是地方政府权力边界问题。政府、学者及民众对于地方政府竞争这一问题的认知也多有争议，例如《国务院关于清理规范税收等优惠政策的通知》（国发〔2014〕62 号）中要求各地方政府规范财政秩序、强化落实税收等各项优惠政策。国发〔2014〕62 号文的出台从法理上明晰要强化企业之间的公平竞争，挤压了地方政府政策套利的可能性，但是其忽视的一个客观事实即是大国区域经济发展的非均衡性和企业生产率的异质性，而且区域经济地理所蕴含的资源禀赋、气候、区位便利性等条件本身也是非均质的。因此，2015 年国务院又出台了《关于税收等优惠政策相关事项的通知》（国发〔2015〕25 号），明确规定继续切实落实国家税收优惠政策，对地方政府税收优惠政策不溯及既往、继续有效，在不触及法律、行政法规的前提下，地方政府在制定税收优惠政策方面具有一定的自由裁量权。这说明，在经济下行的“新常态”阶段，中央政府已经默认了地方政府竞争行为。在“万众创新、大众创业”的创新型社会建设过程中，《国务院关于大力推进大众创业万众创新若干政策措施的意见》（国发〔2015〕32 号）则提出从产业基金引导、产业政策扶持、公共服务供给和税收政策优惠等层面给予企业大力扶持。为进一步推进供给侧结构性改革，全面深化改革开放，2017 年年初中央政府又颁发了《国务院关于扩大对外开放积极利用外资若干措施的通知》（国发〔2017〕5 号），指出为推动“中国制造 2025”战略，将在行业准入、行政审批、税收政策等层面予以进一步开放和支持，地方政府具有在法定权限内制定招商引资优惠政

① 根据我国政治选举制度，官员任职的一个周期约为 5 年。

策的权力。同时，在关于国发〔2017〕5号文的政策解读中，国家发改委指出，关于招商引资层面的条例规定不仅适用于外资，而且适用于内资。在资本外流和资本偏离实体经济的背景下，这一政策的落实被认为是中国“税收打折”时代远未结束，是中国经济之幸①。在2017年的政府工作报告中，中央政府正式确认给予地方政府制定招商引资优惠政策的权限，视内、外资企业同等对待。同时，以自贸试验区、产业开发园区、产业集群区为引领和依托，促进区域间经济竞相勃发。

上述政策引领有利于促进地方政府竞争的规范化和透明化，其实在此之前，地方政府竞争已然成为“公开的秘密”。地方政府会在财政支出、税收优惠和产业基金引导等层面展开对企业和资本的竞争。以上海为例，上海各区县均存在着企业所得税的税收返还现象，而且自2016年开始，上海市对小微企业施行免征增值税优惠，上海市漕泾河开发区则对新进入符合条件企业实行“两免三减半”税收优惠政策。深圳市产业转移园区除了基于财政和税收上的补贴和优惠政策以外，更是在企业入驻的全过程给予扶持，如对工业园区用地的“三通一平”规定②，助力企业成长。而在国发〔2017〕5号文公布之后，湖北省便率先制定了较为详尽的招商引资政策，在财政支持、税费减免、土地供给、融资信贷和人才支持等多方面予以优惠和鼓励。不一而足，我国辖区政府间普遍存在着为吸引资本而进行的税收竞争和财政支出竞争。但是限于地区经济发展程度差异和区际财政支持能力的不同，区域间在税收竞争和财政支出竞争方式的选择上也较有差异。下面我们具体讨论地方政府竞争的方式特征与政策选择。

1. 财政政策竞争

这里所指财政政策竞争着重偏向于指地方财政支出竞争，财政支出竞争要求地方政府有雄厚的财政实力作为保障。从更为宏观的意义上来讲，政府公共财政支出具有资源配置、收入分配和促进宏观经济稳定的职能，而财政政策竞争之所以有效是因为在省际及所辖市县在财政支出的规模和结构上存在着博弈或竞争的空间，这种支出上的博弈或竞争能够有效地影响私人资本的配置效率和收益。

---

① http://finance.ifeng.com/.

② “三通一平”是指通水、通电、通路和土地平整。

从财政支出规模上来说，因为政府财政支出对私人资本同时具有“挤出效应”和“挤入效应”，所以其会影响资本的区域间空间流动。其中，“挤出效应”主要是指政府的财政支出（主要是指政府投资支出）会挤压私人资本的投资空间，其内在机制表现为抬升金融市场信贷利率，增加私人投资的融资成本，抑或是通过项目竞标压低项目的利润空间。而“挤入效应”则表现为与“挤出效应”相反的作用方向，其作用机制主要表现为两个层面，一方面，政府对铁路、公路、机场、河道等基础设施的投资和治理能够有效降低私人企业的运输成本，提升私人企业的利润总额。另一方面，政府的财政支出，无论是投资型财政支出抑或是消费型财政支出，其在供给端总表现为等价的物质产品、劳动力等，能够有效提振实体经济的繁荣，促进居民收入的增加。同时，在支出乘数效应的作用下，政府财政支出的经济带动作用会以倍数的形式反映到 GDP 中。

从财政支出结构上来说，基于公共财政支出的经济性质，我们可以将政府公共财政支出划分为经常性支出和资本性支出。其中，经常性支出主要是指政府部门购买商品和服务的支出以及信贷利息支出等，这类支出的消费性质明显。在市场分割的情形下，政府购买性支出的受益群体主要为本辖区内的商户和企业，但是在市场一体化较强的区域，政府购买性支出往往会通过竞争投标择优选取所需商品，这时政府购买性支出则具有强烈的外溢特征；公共财政中的资本性支出主要是指用于购买或生产使用年限在一年以上的耐用品所需的支出，如用于基础设施建设中的铁路、公路、航道或者大型工业基础园区的建设等的支出，这类对基础设施的财政支出往往具有很强的外溢特征，即本辖区内的资本性财政支出会促进邻近区域的企业盈利能力和居民收入能力的提升。张军涛和毕乐强（2011）运用中国省级层面 1990—2008 年的数据实证检验了区域间公共基础设施的溢出效应，研究表明我国省际公共基础设施投资存在着明显的空间外溢效应，某一区域公共基础设施投资的增加不仅有利于本辖区内的生产能力扩张，而且对于邻近区域的经济增长和产出扩张也是呈现出正向作用的。

通过以上分析，我们可以看出由于存在策略互动和博弈空间，辖区间会在公共财政支出规模和支出结构上进行竞争博弈。但同时需要说明的是，财政支出竞争不仅同辖区竞争策略相关，也与经济发展阶段息息相关。例如，自 1978 年改革开放至 2000 年初的市场经济转型的关键时期，为了快速解决私人资本稀缺和辖区公共基础设施薄弱的问题，公共财政构成了工业发展、农田水利、铁路和公路等基础设施的投资主体，在这一阶段“政府主导型”经济增长模式成为我国区域经济发展的典型范式，区域地方政府职能不断扩展，这给予了地方政府运用财政政策进行辖区竞争的权力空间。同时，也不可否认，在“赶超型”政治经济体制下，我国政府在主导基建投资、社会保障和企业改革等层面发挥着不可替代的关键作用。图4-2给出了2000—2014年我国东中西部地区人均财政支出的平均水平。

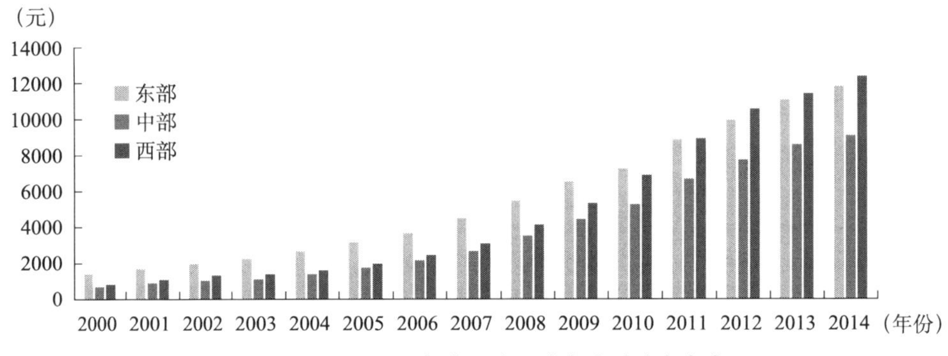

图4-2 2000—2014年我国分区域人均财政支出水平

从图4-2可以看出，在样本年限内，我国东中西三大区域人均财政支出水平呈现出快速递增的趋势。在2000年，我国东中西三大区域人均财政支出水平均不足2000元，2008年之后，东中西三大区域人均财政支出水平相继突破5000元，至2014年，除中部地区外，东部和西部地区人均财政支出水平均超过了10000元。由此可见我国人均财政支出水平增长之迅速。分区域来看，在样本年限内，中部地区人均财政支出水平始终低于东部地区和西部地区，而2011年之前东部地区人均财政支出水平高于西部地区和中部地区，但是自2011年开始，西部地区人均财政支出水平开始超越东部地区和中部地区①。之所以出现上述现象是因为，东部地区经济较为发达，财政汲取能力较强，其财政建设已然从建设型财政向民生财政转变。而西部地区受益于西部大开发战略，该区域财政转移支付一直较高，但常住人口远远少于中东部，所以基于人均财政支出水平方法测算

① 需要说明的是，根据我们的计算，如果以公共财政支出占GDP的比重来衡量的话，样本年限内西部地区财政支出水平排序为西部>中部>东部，具体如第五章图示所示。

就形成了上述“中部塌陷”现象。另外，从支出法测算的 GDP 构成来看，东部地区和中部地区的市场化程度和对外贸易程度均高于西部区域，因而其居民消费和市场投资能力较强，而西部区域由于资本要素匮乏，更多地依赖于政府投资，在某种程度上也抬升了西部地区人均财政支出平均水平。

通过上述分析我们看出，以财政支出为策略的地方政府竞争是需要以地方政府可控财力为前提的，且在不同的发展阶段，其目标导向应该有所不同。在建设型财政体制下，以扩大财政支出为策略的竞争方式的目标导向在于降低企业生产成本，增加企业内在收益，而在民生型财政体制下，以财政支出为策略的地方政府竞争的目标导向是“以人为本”，即在教育、医疗、人居环境、行政制度等方面展开竞争。

2. 税收政策竞争

概括地说，税收竞争就是一些区域通过税收减免、税收返还等税收优惠手段强化对资本和劳动力的吸引，以达到经济发展的目的。常规的税收竞争往往是“逐次竞争”，即某一区域政府通过实施比周边区域更低的有效税率以达到吸引资本要素和劳动力要素的目的，但是同时也不排除经济发达的过度集聚区域通过税收的“逐上竞争”来淘汰落后产业和落后产能以达到优化经济结构和产业结构的情形。

按照《世界是平的》一书的作者托马斯·弗里德曼的说法，区域之间之所以存在税收竞争肇因于世界经济的一体化和信息通讯的扁平化，经济的一体化降低了资本跨区域流动的障碍和门槛，信息通讯的及时便利使得企业能够及时掌握地方政府政策，正基于如此，企业经济决策对税收信息的敏感度大幅增加。“平”意味着越来越多的国家和地区也变成了可以进行商业投资的好地方，这些地方正在变得更加稳定、开放与市场化，这为公司、个人的交易和投资创造了良好的制度保障。但是克里斯·爱德华兹和丹尼尔·米切尔在其合著《全球税收革命》一书中却表达了截然相反的观点，他们认为恰恰是税收竞争引致了资本的跨区域流动和企业分布的空间均衡。同时，税收竞争有效降低了企业的空间税负，根据国际知名的专业会计机构毕马威会计师事务所（KPMG）提供的一份报告显示，20 世纪 80 年代末以来，伴随着国际税收竞争的涌现，自 20 世纪 90 年代以来，经合组织（OECD）30 多个成员国公司税的平均税率已经从 38% 下降到了

27%，且个人所得税的有效税率也出现了大幅下降①。

需要注意的是，税收竞争是一柄“双刃剑”。一方面，在实践层面确实有些区域能够有效利用良好的税制设计和较低的税收吸引来足够的资本发展本辖区经济，如国际上著名的避税天堂有开曼群岛、英属泽西岛、巴拿马、列支敦士登等，这些区域均通过简易的税制设计和较低的税率实现了经济的快速发展，而我国新疆维吾尔自治区的霍尔果斯市在 2011 年也通过出台财政补贴、税收减免等政府政策实现了企业和资本的扎堆集聚，成为我国著名的税收绿地地区。另一方面，一些组织机构和专家学者则认为税收竞争既不利于经济的长期增长，也不利于政府组织的有序运行。持有税收竞争有害论者的一种观点认为，税收竞争会驱使经济资源从高税负国家流向低税负国家，这是一种资源配置的扭曲，因为按照“中性税收”理论，税收制度的设计显然不应该影响资本的跨区域流动，而低税率的设定则打破了“中性税收”的税收无偏原则。另一种税收竞争有害论的支持者认为，税收竞争会导致公共部门效率低下，甚至于导致辖区税收间的恶性竞争。因为伴随着不断降低的税率，地方政府将无法筹集到足够的财政资金以支持政府大型公共基础设施建设以及为居民提供的教育、医疗、保险、环境治理等基本公共服务，辖区政府将不得不缩小政府规模及政府财政支出，因而辖区间的税收竞争无外乎一个“零和博弈”游戏。

中国是单一制政治体制国家，实行中央集权的国家治理模式。但是，不同于传统的集权制管理体制，中国的大国非均质特征以及新中国成立以后一段较长时间内我国的交通和通信网络的欠发达使得地方政府在行政管理的某些层面上具有相当大的行政自主空间，而自 1994 年中央和地方实行分税制之后，这种行政自主空间在财政方面表现得尤为明显，郑永年（2013）在其论著中将中国的这种有限的地方政府行政自主称为“财政联邦制”。按照郑永年（2013）的观点，中国的“行政联邦制”有点类似并介于地方自治制度和欧美国家的联邦制（constitutional federalism），即地方政府的有限自治。在这种有限自治下，经济权利和政治权力部分下放给地方政府，地方政府存在着与中央进行政策博弈的空间。但是需要注意的是，“行政联邦制”下的有限自治更多限于经济维度层面，在政治维度上，中国依然维持着中央集权结构，中央政府对地方政府具有相当的控制力。

① KPMG. corporate and indirect tax rate survey [R]. www.kpmg.com/services/tax. 2007.

就税收司法和税收行政而言，中国维持着强有力的中央集权特征，全国人大及国务院依然是行政法律、法规制定的中枢，因而中国地方的税收竞争着重体现在对财政和税收政策的执行力度上，以及通过地方性法规和规章对地方性税收予以减免、补贴，甚至于通过政府土地出让价格的调整吸引资本。图 4 - 3 给出了 2000—2014 年我国东中西部地区人均税收收入水平，从图 4 - 3 我们可以看出：

在样本年限内，东部、中部和西部地区人均税收收入水平均呈现出稳步增加趋势，且东部地区人均税收收入增长幅度最为明显，在 2000 年，东部地区人均税收约为 500 元，而至 2014 年，东部地区人均税收已达到约 10000 元，15 年间，东部地区人均税收增长约为 20 倍。在 2007 年之前，中部和西部地区人均税收增幅波动不大，但是自 2008 年之后，中部地区和西部地区人均税收快速增长，在 2000 年，中部地区和西部地区人均税收均不足 500 元，2007 年，中部地区和西部地区人均税收相继突破 1000 元，至 2014 年，中部地区和西部地区人均税收均达至约 4500 元，中西部人均税收呈现出稳步增长特征。从人均税收增长差距的态势来看，中西部地区和东部地区税收差距呈现出明显的先递增、后递减的“倒 U”形特征，但是中部地区和西部地区人均税收始终基本维持同步趋势，且 2011 年之前，中部地区人均税收略高于西部地区人均税收，2011 年之后，西部地区人均税收高于中部地区人均税收。同时，根据《中国统计年鉴》公布的宏观经济数据，以税收收入占 GDP 的比重衡量区域宏观税负水平①，东部地区宏观税负水平高于西部地区宏观税负水平，西部地区宏观税负水平高于中部地区宏观税负水平。这表明，存在着某种黏性因素使得即使东部区域宏观税负水平高于中西部，企业也愿意将区位选择在东部地区。

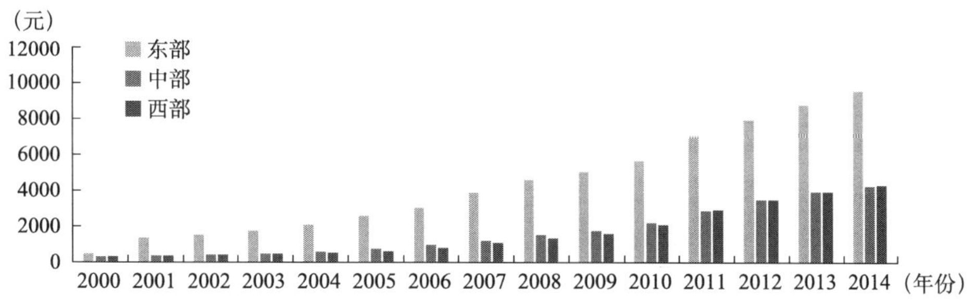

图 4 - 3　2000—2014 年我国东中西部地区人均税收收入水平

① 如第五章图 5 - 1 所示。

3. 制度环境竞争

诺斯在其著作《制度、制度变迁与经济绩效》中指出，作为一种社会关系和组织制度，制度环境在一国经济增长中发挥着基础性的作用，是决定一国或者一个地区长期经济增长绩效的根本因素。同时，制度作为一种公共产品和资源，决定了制度供给的有限性和稀缺性，伴随着社会结构的整体变迁，当现有的社会制度不能满足人们的需求时，社会制度就会变革。基于成本和收益分析，诺斯认为制度环境反映了市场交易主体的交易成本，优越的制度环境会减少企业交易的边际成本，增进社会总体福利的增加。

中国经济在经历了依靠能源和资源投入以及过度牺牲自然环境推动型的线性增长和外延式扩张，实现了一定的规模量能之后，越来越注重通过提升企业全要素率推动的内涵式增长。2017 年，中国共产党第十九次全国代表大会提出了中国发展的新的历史定位，即中国进入了新发展时代，新时代的经济发展要求中国经济必须是高质量发展，高质量发展突出体现为以科技创新为引领，以现代化的制度体系作为战略支撑。因而，推动制度环境的改善对于促进现代企业的建立、推动中国经济可持续发展具有重要意义。

一般认为中国的制度环境变迁源自自上而下的顶层设计和制度实施，即中国的制度环境变迁是一种强制性的制度变迁，中央政府往往以法律、行政法规的方式强制介入制度变迁过程，以达到优化营商环境，改进市场中介组织和行政服务者的态度。完善而有效的中介组织能够有效地保证主体间契约的有效执行，高效而有效的服务和监督体系则能够保证设租和寻租对市场经济的损害。

市场中介组织的发育和法治环境能够有效地反映一个辖区的制度环境水平，樊纲和王小鲁在其著作《中国分省份市场化指数报告（2018）》给出了中国各省份市场中介组织的发育和法治环境的发展评分，具体如表 4 - 2 所示。从表 4 - 2 我们可以看出，除个别年份外，中国各省份的市场中介组织的发育和法治环境大体呈现出提升的趋势，且表现出明显的区域差距，其中排名较为靠前的区域大多为东部区域，而中西部区域的市场中介组织的发育和法治环境则显著低于东部地区。以 2008 年、2010 年、2012 年、2014 年、2016 年五个年份各省份市场中介组织的发育和法治环境的均值进行排序，其中排名前五位的省份分别是浙江、江苏、上海、北京、广东，而排名后五位的省份则分别是西藏、青海、内蒙古、贵州和新疆，中国区域制度环境差距比较明显。

表 4-2　　市场中介组织的发育和法治环境

省份	2008 年	2010 年	2012 年	2014 年	2016 年	均值
北京	7.67	8.65	11.69	14.77	14.74	14.38
天津	5.32	6.89	11.47	10.58	12.13	11.60
河北	3.07	1.80	2.06	4.20	5.39	4.13
山西	1.94	2.70	2.68	3.59	4.06	3.74
内蒙古	2.19	2.36	2.51	1.84	1.93	2.71
辽宁	3.70	3.16	4.88	5.64	5.25	5.66
吉林	4.02	2.60	4.20	4.87	5.70	5.35
黑龙江	3.02	1.81	5.93	5.69	5.61	5.52
上海	9.57	11.55	11.28	12.68	12.72	14.45
江苏	6.46	10.62	16.12	13.52	12.20	14.73
浙江	8.07	11.22	15.56	16.19	16.94	17.00
安徽	4.10	4.68	5.83	7.65	6.78	7.26
福建	3.97	4.92	6.60	8.13	9.77	8.35
江西	2.36	2.75	1.81	4.27	5.67	4.22
山东	3.69	4.07	4.98	6.39	7.34	6.62
河南	2.57	2.88	4.00	4.23	5.14	4.71
湖北	2.94	3.03	4.17	4.67	5.09	4.98
湖南	2.45	3.04	3.59	5.19	5.99	5.07
广东	6.26	7.40	9.13	12.15	13.55	12.12
广西	2.45	1.48	4.22	4.14	4.01	4.08
海南	0.52	2.41	3.49	3.57	2.24	3.06
重庆	3.75	5.47	6.90	7.63	8.47	8.06
四川	3.75	3.96	5.29	5.89	6.72	6.40
贵州	3.07	0.69	2.72	2.49	1.93	2.73
云南	3.17	3.37	2.45	2.14	1.64	3.19
西藏	0.00	-0.70	0.45	1.33	1.10	0.55
陕西	3.12	2.18	4.36	6.25	7.60	5.88
甘肃	1.61	2.07	1.83	2.59	3.94	3.01
青海	1.41	0.77	1.55	1.79	1.81	1.83
宁夏	2.18	-0.20	1.25	3.37	3.53	2.53
新疆	2.55	1.04	1.93	2.68	2.76	2.74

注：表中的评分表示的是各省份按市场化总指数的分值。分值越高表示该项市场化程度越高。分值的计算以 2008 年为基期，故不同年份可比。

三、地方政府竞争的经济效应分析

“中性政府”是过去30年社会公众对于中国政府的普遍认知[①]，在“中性政府”模式下，中国的改革开放和经济转型是一个逐步放权于地方和让利于民的过程，但是另一方面，政府并未迁就于部分民众的利益，无论是经济改革还是城市规划，均是从区域经济长远战略利益出发制定规划。也就是说在地方政府法定权限内，其拥有很大的自主决策权利和资源调用权利，这是地方政府进行竞争的前提条件和制度基础。

“中性政府”模式决定了地方政府竞争是一个中性概念，它不服务于特定的社会团体或者利益集团，而是以推进区域经济共同发展、提升区域居民福利为目标，在制度构建的有限框架内，允许地方政府对流动要素进行争夺。所以，地方政府竞争也是一个中性概念。但是，地方政府竞争所带来的经济效应则可能是正向的、积极的，也可能是负向的、无序的。

在2010年《人民论坛》所做的关于当代中国地方政府竞争的问卷调查中，72% 的受访者认为当前中国地方政府竞争较为激烈，60% 的受访者认为地方政府竞争的负面效应大于积极效应，77% 的受访者则对地方政府竞争表达出双重矛盾心态，认为其虽然确实有益于经济增长，但是却“只见物、不见人，发展未惠及百姓”[②]。

地方政府竞争的最重要的积极效应表现在其对区域经济增长的促进作用。竞争引致繁荣（艾哈德，1983），这一规则不仅适用于市场经济中的微观企业，而且适用于经济新常态下政策的供给方（地方政府）。张五常（2009）认为自下而上的政治负责和自上而下的官员考核催生出辖区政治和经济治理的“承包合约”，“承包合约”催生了地方政府之间的竞争关系，而且经济权力越大，竞争关系则越为激烈，这是激发中国经济增长活力的关键。Jin 和 Qian 等（2005）、姚洋（2008）、琳达·岳（2015）等学者均提出了与上述思想一致的意见，他们普遍认为财政分权体制下的地方政府竞争极大地激发了地方政府改革的积极性和市

---

① “中性政府”是指政府以追求民众的利益为主旨，而不为任何社会集团所绑架。

② 参见《中国地方竞争喜忧》，人民论坛，2010年第13期。

场活力。在赶超型体制下，地方政府竞争对于区域经济增长的推动作用还体现在其对提升非农产业产值比重和非农产业就业以及促进城镇化等方面的积极意义。

地方政府竞争的另一个积极意义在于“流动的人才”和“流动的财富”的形成，因为地方政府竞争的前提即在于流动要素“蓄水池”的形成，在“中心—外围”模式下，无论是中心区域还是外围区域，从长远来看，自由要素的流动有利于形成双赢局面。伴随着我国区域间的市场整合，地方政府竞争也有利于要素的“用脚投票”和自由选择，避免区域地方政府的“税收掠夺”，有利于提升自由、开放的市场经济体系。

地方政府竞争的负面效应主要体现为地方政府的过度竞争，在税收竞争中体现为税收的“逐底竞争”，而在财政支出竞争中则体现为“低效的财政支出”。关于地方政府竞争的负面效应常见到的观点是其可能造成区域间的市场分割、区域公共服务供给不足、过度投资、重复建设以及区域产业同构等问题，这些在已有文献中多有介绍，本节中我们不再赘述。本章我们从地方政府竞争对微观企业竞争能力和对区域制度的弱化谈及其负面影响。从某种程度上而言，地方政府竞争是给予企业政策租金，从而保证企业的营利能力，其潜在的一个消极影响就是使得企业产生“创新惰性”，从而抑制了区域的整体竞争能力和经济发展潜力。而且，地方政府竞争多是地方政府以土地、政策、财政支出供给、税收优惠等方式给予企业扶持和帮助，这本身是一种政府干预经济行为，虽然其竞争行为会受到上级政策约束和本级政府财政能力约束，但是政策租金的一类不可回避的问题即是腐败和政策供给失衡，因而其持续的长久性备受质疑。

第三节　关于中国区域间资本流动的现实描述

一、中国区域间资本流动的潜在趋势与特征分析

在政府主导型经济增长模式下，中国资本要素受政府政策和市场调节双重引导。因为，政府掌握着公共资本要素，而企业和个人则拥有私人资本，公共资本和私人资本的流向塑造着经济空间的地理形态和区域竞争能力。

经济发展存在空间上的梯度差异，在空间上反映为中心和外围区域。新古典区域经济增长理论认为，由区域经济空间梯度差异引致的经济势差会促使要素的扩散和转移。实际上，资本作为社会生产和社会交换的中介，其流动能力和流动效率深刻地反映了空间的经济关系和区域经济活力。通常而言，社会经济活动越频繁、经济活力越高，其对资金的需求则越多，同时其产出份额占比也相对较高，而欠发达区域受限于工业产出能力和市场潜力，资金需求和资金周转频率往往低于发达区域。

“水往低处流，钱往高处走”，在政府力量和市场势力的共同作用下，资金往往会流向资本收益更高的地方。通常来说，资本的回报率与资本要素的需求强度呈现出正相关关系，即资本需求越旺盛，资本的回报率也就越高，区域空间就会吸引较多的资本要素流入。反之，则会形成资金的有效需求不足和资金外流。

资本存量是资本空间流动作用的结果，在一定程度上反映了资本要素的吸引和再造能力。而且，在市场经济条件下，资本的边际效率往往与资本边际收益呈现出高度的正相关关系[①]。所以，本节从资本存量和资本边际效率两个角度分析我国区域间资本流动的潜在趋势及其特征。

关于资本存量的准确数据，我国政府统计部门并未予以明确公布。在经济研究和统计分析中，学者们比较常用的是采用永续盘存法对其进行估算。参考张军（2004）、单豪杰（2008）、叶明确和方莹（2012）等学者的研究，我们给出如公式（4－1）所示的资本存量的计算表达式。

$$K_{i,t} = K_{i,t-1} - K_{i,t-1} * \delta_{i,t} + I_{i,t} \qquad (4-1)$$

其中，$K_{i,t}$是第 i 个区域第 t 年的资本存量，$K_{i,t-1}$是第 i 个区域第 $t-1$ 年的资本存量，$\delta_{i,t}$为区域 i 第 t 年的资本折旧率，$I_{i,t}$为区域 i 第 t 年的新增投资额。从公式中可以看出，对于各区域历年资本存量计算的两个关键指标是样本基期的资本存量值和折旧率的设定。目前，关于基期资本存量的计算，多数学者都会采用 Hall 和 Jones（1999）的方法（张军和吴桂英，2004；单豪杰，2008；叶宗裕，2010），以我们的样本为例来说明，资本存量的基期计算公式可表达为等式（4－2）：

① 在完全市场的无摩擦经济条件下，资本边际效率等于资本边际收益。

$$K_{i,2000} = I_{i,2001}/(g_{i,2000} + \delta_{i,2000}) \quad (4-2)$$

其中，关于 K、I 和 δ 的定义与公式（4-1）相同，$g_{i,2000}$ 为区域 i 在 2000 年的经济增长率。所以，以 2000 年为基期，关于区域 i 的 2000 年的资本存量等于区域 i 在 2001 年的全社会固定资产投资总额与其在 2000 年的经济增长率与折旧率之和的比值。

资本存量计算的另一个关键变量是折旧率，结合中国经济增长的客观现实，多数学者采用了与张军（2004）或者单豪杰（2008）相同的估算数值①。与张军（2004）相同，本章关于折旧率的数值统一采用 9.6%。由于资本存量的计算具有递推关系，所以对于区域资本投资总额，以及计算得到的各区域历年资本存量，我们使用固定资产投资价格指数对数据进行平滑。根据公式（4-1）和公式（4-2），表 4-3 给出了研究样本在 2001 年、2005 年、2009 年、2013 年我国资本存量分布的前 15 位排名和后 15 位排名。

表 4-3 样本年限内我国资本存量分布排行

2001 年		2005 年		2009 年		2013 年	
前 15 名	后 15 名	前 15 名	后 15 名	前 15 名	后 15 名	前 15 名	后 15 名
上海市	鹰潭市	上海市	安顺市	上海市	嘉峪关市	重庆市	嘉峪关市
北京市	新余市	北京市	伊春市	北京市	铜川市	天津市	铜川市
深圳市	抚顺市	重庆市	铜川市	重庆市	安顺市	上海市	张家界市
天津市	安顺市	广州市	鹰潭市	天津市	伊春市	北京市	鹤岗市
广州市	乌海市	天津市	抚顺市	成都市	鹤岗市	成都市	七台河市
成都市	嘉峪关市	深圳市	防城港市	广州市	黑河市	沈阳市	伊春市
重庆市	三亚市	成都市	七台河市	沈阳市	张家界市	大连市	黑河市
武汉市	鹤壁市	杭州市	三亚市	苏州市	七台河市	苏州市	抚顺市
杭州市	辽源市	苏州市	嘉峪关市	武汉市	鸡西市	武汉市	安顺市
昆明市	防城港市	武汉市	鹤岗市	杭州市	抚顺市	广州市	鸡西市
沈阳市	景德镇市	南京市	鸡西市	大连市	鹰潭市	南京市	天水市
宁波市	萍乡市	宁波市	鹤壁市	南京市	巴中市	青岛市	白银市
哈尔滨市	铜川市	沈阳市	巴中市	深圳市	白银市	杭州市	拉萨市
石家庄市	伊春市	青岛市	双鸭山市	青岛市	乌海市	石家庄市	鹰潭市
南京市	上饶市	无锡市	黑河市	宁波市	佳木斯市	西安市	乌海市

① 张军（2004）给出的测算资本存量的折旧率为 9.6%，单豪杰（2006）给出的测算资本存量的折旧率为 10.96%。

从表4-3可以看出，在列述的样本年限内，北京市、上海市、重庆市、天津市四个直辖市以及深圳市和广州市两个一线城市，其资本存量始终排名居前，而其他排位较为靠前的城市也大多为中东部区域省会城市或者重点工业城市，而排位较为靠后的则主要是中西部内陆城市。即单从资本存量的空间分布来看，东部沿海区域的资本存量水平显著高于中、西部区域，其中环渤海京、津、冀区域，山东半岛，长三角城市群区域，海峡西岸城市群以及珠三角区域是我国区域资本存量分布的核心区域，而北京、天津、上海、重庆、武汉、成都、深圳等城市显然处于我国市级资本存量的领头羊地位。

同时，需要注意的是，伴随着我国经济的快速发展，我国城市整体的资本存量提升也非常之快，根据王华（2017）的测算，在1952年新中国成立初期，中国总体资本存量约为800亿元，2000年中国总体资本存量约为67000亿元，而至于2015年，中国总体资本存量增加至约425000亿元，快速增长的资本存量反映了中国城市总体经济实力的增长，虽然这种增长依然存在巨大的区域分布不均衡。

资本存量是资本空间流动的结果，而资本边际配置效率的高、低则始于资本流动未发生之前，潜在的表明了资本流动的空间倾向。资本逐利而动，资本边际效率越高，其对资本的吸引力也就越强，而如果资本配置效率低下，市场主体无利可图，长久以往则区域资本存量会呈现出递减的趋势。

关于资本边际效率的测算，参考郭熙保和罗知（2010）、秦岭（2010）、林仁文和杨熠（2013）等学者的研究，首先设定生产函数的基本形式为Cobb-Douglas函数，表达为：

$$Y = AK^{\alpha}L^{1-\alpha} \tag{4-3}$$

其中，Y为区域总产出，A表示全要素生产率，K和L分别为资本和劳动要素投入，其份额分别为α和$1-\alpha$。则其资本的边际产出可表示为：

$$MPK = A\alpha K^{\alpha-1}L^{1-\alpha} = \alpha\frac{Y}{K} \tag{4-4}$$

所以，求解资本边际产出需要的三个核心变量即是区域总产出、区域资本存量K和资本份额占比α，可通过对公式（4-3）进行双对数形式回归求取α。

基于上述研究方法，表4-4分别给出了研究样本在2001年、2005年、2009年和2013年资本配置效率的前15名和后15名，以对研究样本资本空间配置效率有一个大致的认识。

表4-4 样本年限内我国资本边际配置效率排行

2001年		2005年		2009年		2013年	
前15名	后15名	前15名	后15名	前15名	后15名	前15名	后15名
鹰潭市	朔州市	深圳市	朔州市	深圳市	阳泉市	深圳市	福州市
大庆市	阳泉市	茂名市	阳泉市	茂名市	黄山市	太原市	黄山市
茂名市	拉萨市	太原市	吴忠市	太原市	宣城市	茂名市	邢台市
深圳市	广元市	湛江市	拉萨市	湛江市	雅安市	湛江市	滁州市
宜春市	昆明市	绥化市	福州市	上海市	福州市	上海市	阳泉市
绥化市	海口市	上海市	雅安市	中山市	邢台市	中山市	大同市
常德市	吴忠市	东莞市	邢台市	乌鲁木齐市	朔州市	乌鲁木齐市	吴忠市
上饶市	葫芦岛市	中山市	黄山市	嘉峪关市	吴忠市	玉溪市	宣城市
佛山市	宣城市	榆林市	黄冈市	绥化市	辽源市	嘉峪关市	三明市
钦州市	邯郸市	鸡西市	宣城市	玉溪市	滁州市	北京市	萍乡市
聊城市	安康市	齐齐哈尔市	保定市	汕头市	上饶市	广州市	南平市
新余市	阜新市	佳木斯市	威海市	衡阳市	威海市	抚顺市	上饶市
资阳市	绵阳市	自贡市	吉林市	榆林市	新乡市	榆林市	雅安市
开封市	忻州市	大庆市	潍坊市	广州市	萍乡市	汕头市	威海市
株洲市	巴中市	乌鲁木齐市	南平市	北京市	三明市	宜昌市	新乡市

从表4-4可以看出，2001年资本配置效率较高的城市比较分散，但大多位于中东部区域，其中较为突出的区域为广东省的深圳市、佛山市、茂名市区域，江西省的上饶市、宜春市、鹰潭市区域，湖南省的株洲市、常德市区域，黑龙江的大庆市、绥化市区域等，而资本配置效率较低的区域主要集中在四川省、山西省的连片区域等。这说明这一时间段，我国中东部的资本配置效率是高于西部地区的；而在2005年，资本配置效率较高的区域集中在广东连片区域（如深圳市、茂名市、湛江市、东莞市）、黑龙江省连片区域（齐齐哈尔市、佳木斯市、大庆市、绥化市、鸡西市）、陕山区域（太原市、榆林市），而资本配置效率排位较为靠后的则突出表现为东部区域的三线、四线城市。及至于2009年和2013年，资本配置效率排位较为靠前的城市则主要集中在东部和西部，资本配置效率较低的城市依然主要表现为中东部的三线和四线城市。

根据陈诗一和刘朝良等（2019）的研究，中国资本流向偏向于配置到东部和西部地区，原因在于综合考量制度环境、土地供给、空间集聚等因素，东部和西部地区的资本融资成本相对更低。同时，根据钟军委和万道侠（2018）的研究，中国的资本配置效率是较为符合经典经济学中的资本边际收益递减规律的，且由于技术进步、规模经济和专业化等因素，东部区域资本配置效率显示出“先降后升”的阶段性特征，部分弱化了资本边际效率的递减规律。

以上给出了中国市级层面区域资本配置效率的前后排位，理论上而言，资本会流向资本配置效率最高的区域。但是由于市场分割、市场摩擦、“冰山成本”效应[①]以及市场空间的有限性，所以基本不大可能出现资本的完全空间极化。而且，当企业自身收益与由地方政府竞争给予的政策租收益之和大于其预期目标空间收益时，其对资本就会产生区位黏性，弱化资本要素的迁移动力。

二、中国区域间资本流动的渠道分析

在计划经济时期，国民经济建设以公共资本投资为主体，私人资本和非公有制资本较难参与其中，区域间物质和资本需求基本以国家计划形式调配，因此从严格意义上来说，这与我们在本章中分析的资本跨区域流动存在本质不同。从1978 年开始，我国逐步推进改革开放，至 1992 年，中国共产党第十四次全国代表大会正式确立了中国经济体制改革的总目标是建立社会主义市场经济体制，并历经资本市场改革、国有商业银行剥离不良债务改革、国有企业产权分置改革等多项改革措施，现代的产权制度、市场运行和调节制度不断扩充和完善，为中国区域间资本的跨区域流动提供了良好的市场基础和制度保证。

资本从其产权属性来讲可分为公共资本和私人资本，公共资本代表了政治的力量，而私人资本代表了市场的势力，公共资本和私人资本有其交叉和重合之处，也有其目标和空间配置的非完全一致的地方。一般而言，私人资本以追逐利益为其首要目标，而公共资本同时还要兼顾其他社会目标（如社会公平、就业、社会战略等），而且在现代企业制度下，交叉持股和共同入股成为投资常态，所以公共资本和私人资本共同影响和塑造着市场布局和区域经济格局。

按照公共资本和私人资本的产权属性，我们可以进一步将跨区域流动资本按其来源渠道划分为转移支付资金、银行金融资金、资本市场资金、私人和企业投资资金、外商企业投资资金等项（严浩坤，2008；肖燕飞，2012）。

---

① 由萨缪尔森首先提出，是指由贸易壁垒及运输成本所造成的企业生产效率损失。

转移支付渠道：1994 年分税制改革以来，中央和地方的财政收支权限和责任逐渐理清，地方政府收入来源主要由税收收入、附加费收入、土地出让收入以及其他地方国有企业分红收益，其中税、费收入和土地出让收入占地方一般预算收入的绝对比重。但是东部沿海区域经济活力高、非农产业产值高、区域地理条件优越，因此，其财政自给能力相对充足。相反，广大中西部区域则往往财政收不抵支。为平衡财政收支差距，中央往往基于财力上的倾斜，给予地方政府以一定的转移支付，在“西部大开发”和“中部崛起”等战略的影响下，中、西部区域成为转移支付的重点支持区域。

银行金融渠道：银行信贷资本调配是资本跨区域流通的另一个重要渠道。以工、农、中、建、交为代表的全国性商业银行的广阔布局极大地促进了金融资本市场的一体化。金融资本跨区域流动的一个典型事实即是区域的存贷差。但是，金融资本的偏好往往与经济发展和产业布局相关联，因而从空间分布来看，东部地区集中了大部分的银行信贷资本，而中、西部信贷资本比重则低于东部区域。

资本市场渠道：资本市场渠道的资金跨区域流动也具有空间不均衡性，根据倪鹏飞、刘伟和黄斯赫（2014）的研究，中国证券市场主体和资本要素空间分布呈现出东、中、西部逐渐递减趋势，且其空间差距逐年拉大，东部区域上市公司数量和省均上市公司总市值均远远高于中部和西部区域。

私人和企业形式的资本跨区域流动：私人和企业形式下的资本跨区域流动主要表现为投资行为。改革开放以来，在市场经济的引导下，我国资本要素“孔雀东南飞”现象表征明显，形成了资本流动上的“卢卡斯悖论”。在“政治向东、市场向西”的对垒博弈下（余壮雄和杨扬，2014），虽然中央投资在一定程度上弥补了西部地区资本集聚的弱势地位，但是由于中、西部区域的投资更多的是以固定资产投资的方式沉淀了下来，且其消费和生产能力远远不足，因而会造成资本向东部的隐形回流。

外商企业投资（FDI）：外商直接投资是资本跨区域流动的一种重要形式，也是推动我国区域经济增长的重要力量。范红忠和周启良等（2015）的研究表明我国 FDI 分布存在着严重不均等，以 2012 年为例，我国东、中、西部地区利用外资占比分别为 82.8%、8.3% 和 8.9%。肖刚（2015）的研究也表明我国 FDI 主要分布在东部沿海区域，但是呈现出向中、西部渐进式扩散转移的态势。

三、中国区域间资本流动的经济效应分析

按照 Myrdal（1957）和 Hirschman（1958）的理论，区域经济发展的梯度差异和区际贸易会引起专业化分工和生产要素的空间流动，形成极化效应和涓滴效应①。而资本的两种典型的分布形态即为空间集聚和空间扩散，资本的空间集聚形成产业分布的地理集中，而资本的空间扩散则促使区域经济的空间均衡。

“资本跨区域流动其实是一种能够实现双赢的举动”，2006 年时任浙江省委书记的习近平同志如是强调②。资本流动的最积极的意义即在于其能促进区域经济的空间均衡发展，延伸产业链条，促进区域要素资源的合理流动和优化配置。

资本的空间生产是新马克思主义研究的焦点之一，而这也与中国改革开放以来资本的空间配置密切相关。从人类活动伊始，空间的生产活动就表现出极大的不平衡性，资本逻辑在促进经济极大发展的同时，也促使空间生产由地域化向跨区域、全球化转变，使得区域的集中生产向集中的区域生产和节点连接转变。根据石敏俊（2013）的测算，2002 年中国国内贸易总量 363468.6 亿元，其中省内贸易 264355.8 亿元，省际贸易 99112.9 亿元，在区际贸易中，江浙沪、京津冀、广东、山东是处于网络节点核心位置，反映了其巨大的资金流入、流出能力。在巨大的贸易网络和资金网络链接下，其隐含的深层次含义即为专业化分工和地区比较优势的发挥，这有利于区域经济的协同发展。

资本跨区域流动的另一种经济效应表现为辖区居民公共福利的帕累托改进。Macdougall（1960）基于新古典模型的研究表明，由资本跨区域流动引致的经济波动对区域内部的影响远远大于区域间的影响。资本要素意味着产业和就业，其对区域经济发展和居民收入改善的意义是不言而喻的。在改革开放初期，为解决桎梏经济发展的资本要素短缺问题，中国开始引进外资，为改革开放初期经济的发展注入了重要动能。然而，在经济新常态下，经济增长下滑和老龄化交叉出现，“未富先老”严重挑战中国经济社会的可持续性，因此鼓励资本跨区域流

① “极化效应”是指当区域经济发展超越一定阶段时候所形成的一种正向反馈或者是对周边资源要素所形成的“虹吸效应”。“涓滴效应”是指在区域经济增长中，发达区域通过正向的外部空间溢出对欠发达区域经济发展产生的积极影响。

② 参见《中国经济周刊》，2006 年第 37 期。

动，建立经济增长动能转换的合理机制显得尤为迫切和重要。而且在资本流的空间构建中，资本流动符合城市经济秩序自身的演绎逻辑。

第四节　关于中国区域经济活动空间分布的现实描述

经济增长是一个历史过程，伴随着资本流动、区域经济发展战略和区域经济产业政策的演变，区域经济增长格局和要素分布格局也在时刻变化中。但是经济活动并不完全是市场的、自发的经济活动，完善的市场秩序和良好的市场运行离不开人的有意识的战略和规划，即使这种战略和规划仅限于宏观层面上的指导意义。2011 年中国政府正式颁布了《全国主体功能区规划》，该规划指出统筹布局、合理规划是促使人口、资源与环境相协调的关键，也是促进我国区域空间均衡的核心要点。长期以来，我们只局限于知道中国区域经济分布不均衡，对于其不均衡程度也仅仅限于数字上的理解，基于 Gis 软件可视化方法，本节给出了中国经济活动的空间分布及其演化特征，并进一步分析了经济增长中的政府政策及其目标。而认识中国区域经济活动的现实空间特征和演化格局有利于我们制定正确的发展战略和发展规划，解决经济发展中的突出矛盾和问题。

一、中国区域经济活动的空间分布特征

经济活动以空间为载体，空间经济活动反映了区域经济的竞争格局和竞争能力。本节将从样本年限的 GDP、经济密度、市场潜能和区位熵四个方面给出我国区域经济活动空间分布的特征。

表 4 -5 给出了研究样本城市在 2001 年、2005 年、2009 年、2013 年中国区域 GDP 总值排位的前 15 位和后 15 位，从表 4 -5 可以看出：在研究样本所列示的全时段范围内，上海市、北京市始终稳居中国城市经济总量的前两位，而广州市、天津市、深圳市则对中国城市经济总量第三位的排名争夺比较激烈。同时，在样本列示年限内，我国区域城市国内生产总值排名前 15 位的城市主要为东部区域沿海城市及中部地区国家中心城市，而排名后 15 位的城市则主要为中西部

地区城市，表明中国区域经济发展存在着明显的梯度发展格局。

自1978年改革开放以来，中国经济经历了一个高速增长时期。尤其是自2001年中国加入WTO以来，中国经济有一个十多年高速增长的黄金时期。在中国经济高速增长的进程中，政府意志和政府规划起到了战略引领作用，政府在要素供给、市场调节和区域经济发展战略规划层面作出了大量卓绝的努力。根据国家统计局发布的统计数据，自改革开放至2018年，中国经济总量从3679亿元增加至2018年的90.03万亿元，年均经济增长约为9.4%[①]，极大地增强了中国经济的实力，也为中国经济体制改革和社会改革提供了巨大的物质基础。但是伴随着新常态的出现，以及中国消费市场的成熟，居民、企业和个体投资者将在经济领域中扮演着更为重要的角色；从经济增长空间格局的演化来看，北、上、广、深等一线城市GDP的领导地位相对稳固，重庆的经济力量明显增强。相对于其他城市，山西、河北等资源型省域的经济力量显现出弱化趋势。目前，中国正处在快速工业化和城市化的转型阶段，网络经济、共享经济、平台经济的出现赋予了经济空间新的动能，并且在“一带一路”“长江经济带”“京津冀协同发展战略”的引导下，部分中西部区域有实现快速崛起的优势和条件。而且，国际经验也表明，区域经济的发展往往是从单个或者少数核心区域逐步扩展到其他非核心区域，伴随着外部环境的冲击和内生经济条件的改变，不同区域的经济表现也往往呈现出交错兴衰表象。同时，伴随着我国政府政策的实施及市场经济的快速发展，我国区域经济发展显现的一个核心特征即是“核心—外围”特征，其中沿海区域及重庆市、武汉市、成都市、郑州市、西安市等核心城市属于典型的核心区域，而广大中西部区域则属于典型的外围区域。同时，以重庆、武汉、成都、郑州为例，各个区域内部又分别形成了其经济发展的核心区域。在集聚经济“向心力”和“离心力”的互动作用中，中国区域城市按照经济实力、市场潜能和要素可获得性形成多层级治理结构；同时，根据我们研究结果的空间图示表明，综合对比长三角、珠三角、京津冀、山东半岛经济圈等区域城市群，长三角和山东半岛经济圈表现出扩张趋势，京津冀经济圈呈现出收缩特征，珠三角经济范围相对稳定。同时分析重庆、成都、武汉、郑州、沈阳等典型城市可以看出，相较于东部沿海区域，这些典型城市经济实力虽然总体表现趋于稳定，但其周围区域

① 引自《新中国成立70周年经济社会发展成就系列报告》。

经济表现则趋于平淡，这说明相较于东部沿海区域，中部区域城市经济实力差距其实在扩大。以新经济地理学的视角来分析，这其中的一个重要原因即在于这些典型城市的发展对周围区域存在着资源要素上的“虹吸效应”。[①] 而在区域同城化越来越强的背景下，“城市群”经济和“湾区”经济越来越成为突破“虹吸效应”，促进区域协调发展的重要战略指南。

表 4－5　　样本年限内我国 GDP 分布排行

2001 年		2005 年		2009 年		2013 年	
前 15 名	后 15 名	前 15 名	后 15 名	前 15 名	后 15 名	前 15 名	后 15 名
上海市	嘉峪关市	上海市	铜川市	上海市	拉萨市	上海市	嘉峪关市
北京市	三亚市	北京市	三亚市	北京市	铜川市	北京市	七台河市
广州市	铜川市	广州市	嘉峪关市	广州市	嘉峪关市	广州市	伊春市
天津市	乌海市	深圳市	拉萨市	深圳市	伊春市	深圳市	拉萨市
深圳市	拉萨市	苏州市	防城港市	苏州市	三亚市	天津市	鹤岗市
重庆市	鹰潭市	天津市	七台河市	天津市	吴忠市	苏州市	铜川市
苏州市	七台河市	重庆市	吴忠市	重庆市	安顺市	重庆市	吴忠市
杭州市	池州市	杭州市	安顺市	杭州市	鹤岗市	成都市	张家界市
成都市	防城港市	无锡市	池州市	无锡市	张家界市	武汉市	三亚市
武汉市	辽源市	青岛市	张家界市	青岛市	黑河市	杭州市	黑河市
无锡市	安顺市	南京市	鹤岗市	佛山市	七台河市	无锡市	巴中市
青岛市	张家界市	宁波市	伊春市	武汉市	巴中市	南京市	雅安市
宁波市	鹤岗市	佛山市	黑河市	成都市	雅安市	青岛市	安顺市
南京市	阜新市	成都市	鹰潭市	大连市	池州市	大连市	天水市
佛山市	新余市	武汉市	乌海市	宁波市	防城港市	沈阳市	池州市

以区域 GDP 总值除以区域空间面积我们得出区域经济密度，表 4－6 给出了研究样本在 2001 年、2005 年、2009 年、2013 年城市经济密度排行的前 15 位和后 15 位排名，从列示的城市排名可以看出，在样本年限内，深圳市始终位列我国城市经济密度排位的第一名，上海次之，后续经济密度排位较高的城市主要集中在珠三角城市群、长三角城市群和京津冀城市群，而经济密度排位较低的城市主要位于我国的西部区域和东北部区域。从经济密度的空间层级划分来看，我国区域经济密度呈现出明显的空间梯度特征，东部沿海区域经济密度显然高于中、

① 虹吸效应：是指在区域经济发展中，经济发达区域不仅没能带动周边区域经济的协同发展，反而对周边区域的经济资源产生强大的吸附力，弱化了周边区域经济增长的潜力。

西部地区，在东部沿海区域中，北京、上海、苏州、深圳单位面积产值较为突出。而在广大中、西部区域中，省会城市单位面积产值显然高于周边单元区域；从经济密度的城市间对比来看，长三角城市圈、山东半岛经济圈等区域范围的经济密度在强化和扩展，而其他区域则表现相对稳定。从以上分析中可以看出，样本区间的经济密度可视化表现出与区域GDP可视化的一致特征。同时，需要注意的是，伴随着我国区域经济实力的快速提升，我国区域经济密度也在不断增加，这说明总体而言我国区域经济的空间利用效率和产出效率是迅速提升的。这种空间效率的提升既得益于区域自身的资本创造，也得益于区域间的自由资本流动。自1978年改革开放以来，在市场化、工业化的发展战略和政策导向下，我国第二产业、第三产业迅猛发展，而且中国经济社会的高储蓄率为经济发展提供了必要的投资储备，有效促进了中国经济潜能向现实经济生产力的转化。而自由开放的市场经济体系的建立，极大地促进了要素的空间自由流动，有利于提升要素的空间配置和产业链的专业化分工。这些都是促进中国经济高速增长的必要条件。

表4-6　　样本年限内我国经济密度排行

2001年		2005年		2009年		2013年	
前15名	后15名	前15名	后15名	前15名	后15名	前15名	后15名
深圳市	黑河市	深圳市	黑河市	深圳市	黑河市	深圳市	黑河市
上海市	拉萨市	上海市	拉萨市	上海市	拉萨市	上海市	伊春市
广州市	赤峰市	东莞市	伊春市	东莞市	伊春市	东莞市	拉萨市
厦门市	伊春市	广州市	赤峰市	广州市	吴忠市	广州市	吴忠市
佛山市	通辽市	厦门市	吴忠市	佛山市	赤峰市	厦门市	赤峰市
无锡市	榆林市	佛山市	通辽市	厦门市	安康市	佛山市	鹤岗市
东莞市	白城市	无锡市	白城市	无锡市	白银市	无锡市	白银市
珠海市	忻州市	中山市	安康市	苏州市	佳木斯市	苏州市	佳木斯市
北京市	安康市	苏州市	双鸭山市	中山市	双鸭山市	中山市	双鸭山市
汕头市	吴忠市	北京市	忻州市	北京市	白城市	天津市	鸡西市
苏州市	双鸭山市	珠海市	昭通市	南京市	鹤岗市	南京市	安康市
中山市	白银市	南京市	白银市	天津市	昭通市	北京市	忻州市
南京市	延安市	天津市	佳木斯市	珠海市	忻州市	武汉市	白城市
天津市	承德市	汕头市	牡丹江市	常州市	汉中市	常州市	昭通市
武汉市	昭通市	常州市	鹤岗市	武汉市	牡丹江市	珠海市	雅安市

在开放性市场经济条件下，市场导向是企业区位选择的重要考量，而市场潜

能是衡量企业市场接近度的重要指标。因此，在某种程度上，市场潜能代表了区域的区位优势和未来经济的发展潜力。参考 Harris（1954）、刘修岩（2007）的研究，表 4－7 给出了研究样本在 2001 年、2005 年、2009 年和 2013 年市场潜能排位前 15 位和后 15 位的城市，其中市场潜能的数量表达式为：

$$MP_i = \sum_j GDP_j / d_{ij}$$

MP_i 代表区域 i 的市场潜能，GDP_j 代表区域 j 的总产出，d_{ij} 代表区域 i 到区域 j 的空间距离，这里我们以直线距离替代，相关数据来源于百度地图。

从表 4－7 中我们可以看出：在样本年限内，我国区域市场潜能最高的区域为长三角区域、北京—天津—张家口区域、重庆市、广州—深圳区域，而西部区域和东北区域是我国市场潜能的低梯度区域。更为具体来说，沿着京沪线区域是我国区域市场潜能的第一层级区域，而沿着京广线区域其市场潜能则在迅速攀升，而沿着“焦柳线”以西的区域以及山海关以北的区域是市场潜能的外围区域。明显看出，我国区域市场潜能表现出明显的梯度分布，虽然纵向对比来看，我国城市的市场潜能总体在强化，但是从横向对比来看，则存在东强西弱格局。伴随着我国经济的持续健康发展，以及“两带四圈”经济战略的稳步推进，至目前为止，我国区域市场潜能的核心区域基本上已经形成了以京津冀城市群、川渝城市群、珠三角城市群和长三角城市群为主体的菱形结构，且在该菱形结构内，我国区域市场潜能的重心有向东南移动的趋势。

表 4－7　　样本年限内我国市场潜能排行

2001 年		2005 年		2009 年		2013 年	
前 15 名	后 15 名	前 15 名	后 15 名	前 15 名	后 15 名	前 15 名	后 15 名
张家口市	乌鲁木齐市	保定市	乌鲁木齐市	保定市	乌鲁木齐市	保定市	西宁市
保定市	拉萨市	上海市	拉萨市	上海市	拉萨市	上海市	昭通市
重庆市	嘉峪关市	张家口市	嘉峪关市	天津市	西宁市	天津市	玉溪市
上海市	双鸭山市	重庆市	双鸭山市	重庆市	昭通市	北京市	昆明市
北京市	鸡西市	天津市	鸡西市	北京市	玉溪市	重庆市	曲靖市
天津市	佳木斯市	北京市	七台河市	中山市	嘉峪关市	佛山市	乌鲁木齐市
佛山市	七台河市	中山市	佳木斯市	佛山市	昆明市	中山市	拉萨市
嘉兴市	鹤岗市	佛山市	鹤岗市	嘉兴市	曲靖市	嘉兴市	邢台市
中山市	牡丹江市	嘉兴市	牡丹江市	湖州市	双鸭山市	湖州市	张家口市
湖州市	黑河市	湖州市	黑河市	江门市	鸡西市	江门市	嘉峪关市
鄂州市	伊春市	江门市	伊春市	无锡市	七台河市	无锡市	双鸭山市

续表

2001 年		2005 年		2009 年		2013 年	
前 15 名	后 15 名	前 15 名	后 15 名	前 15 名	后 15 名	前 15 名	后 15 名
廊坊市	攀枝花市	无锡市	攀枝花市	廊坊市	佳木斯市	廊坊市	鸡西市
无锡市	哈尔滨市	廊坊市	哈尔滨市	珠海市	鹤岗市	珠海市	七台河市
苏州市	绥化市	苏州市	绥化市	苏州市	邢台市	鄂州市	佳木斯市
江门市	大庆市	珠海市	大庆市	常州市	黑河市	清远市	鹤岗市

以上是从 GDP、经济密度以及市场潜能三个层面分析了我国区域经济活动的空间分布，但是由于产业结构不同，上述维度并不能完整反映我国区域经济活力和人口分布状况，因此，基于区位熵分析方法，我们在表 4－8 给出了 2001 年、2005 年、2009 年、2013 年样本的空间集聚程度的城市排行的前 15 位排名和后 15 位排名，其具体列示如表 4－8 所示。

由于现代经济活动中，第二、第三产业构成了我国经济活动的主体，因此对于区位熵的计算我们采用了非农产业就业人数指标。具体可表示为：

$$Agglo_{i,t} = \frac{(e_{i,t}/e_i)}{(E_{i,t}/E_i)}$$

其中，$Agglo_{i,t}$表示区域 i 第 t 年的集聚程度，$e_{i,t}$代表区域 i 第 t 年的非农产业就业人数，e_i 代表区域 i 第 t 年的就业总人口，$E_{i,t}$代表全样本第 t 年的非农产业就业人数，E_i 代表全样本第 t 年的就业总人口。

从表中可以看出：（1）我国集聚程度最高的区域依然位于东部沿海地区，但是中、西部资源型城市和省会城市表现出了较高的集聚度。而中部的缺乏资源禀赋和区位优势的三线和四线城市的非农产业区位熵排行则比较靠后，总体低于西部城市的非农产业区位熵排序，这是因为中部地区是我国粮食的主产区，而西部城市多资源型城市。且伴随着外部经济不确定性增大背景，我国推动“双循环”发展战略，东部部分资源要素和产业开始向中西部地区转移和扩散，这也部分抬升了西部地区的非农产业区位熵，如在 2001 年和 2005 年我国中央政府先后提出了“西部大开发”和“中部崛起”战略，在政策和资金层面给予了中、西部地区大量的支持，促使中西部地区吸引了要素的大量流入。2008 年以后，伴随着经济危机的出现，外贸市场低迷，劳动力市场价格上升。因此，部分企业出于产业周期和降低生产成本的考量，将企业往内地迁移。这也加剧了要素的扩散，促使了西部地区非农产业区位熵的提高。

表 4-8 样本年限内我国非农产业区位熵排行

2001 年		2005 年		2009 年		2013 年	
前 15 名	后 15 名	前 15 名	后 15 名	前 15 名	后 15 名	前 15 名	后 15 名
大庆市	阜阳市	上海市	昭通市	东营市	阜阳市	东营市	阜阳市
上海市	昭通市	东营市	阜阳市	大连市	昭通市	大庆市	昭通市
佛山市	贵港市	大庆市	安顺市	包头市	邵阳市	包头市	邵阳市
无锡市	安顺市	苏州市	天水市	上海市	安顺市	无锡市	天水市
北京市	天水市	无锡市	六安市	苏州市	亳州市	厦门市	亳州市
东莞市	六安市	广州市	邵阳市	嘉峪关市	天水市	广州市	六安市
广州市	菏泽市	深圳市	亳州市	沈阳市	六安市	沈阳市	周口市
深圳市	遵义市	厦门市	周口市	无锡市	宿州市	乌海市	驻马店市
苏州市	亳州市	北京市	驻马店市	大庆市	周口市	上海市	宿州市
厦门市	邵阳市	南京市	贵港市	佛山市	驻马店市	苏州市	贵港市
珠海市	驻马店市	威海市	遵义市	广州市	贵港市	武汉市	安顺市
南京市	周口市	嘉峪关市	宿州市	乌海市	钦州市	乌鲁木齐市	商丘市
威海市	安康市	天津市	黄冈市	北京市	遵义市	南京市	赣州市
大连市	汉中市	包头市	钦州市	深圳市	安康市	嘉峪关市	信阳市
东营市	信阳市	佛山市	菏泽市	威海市	安庆市	威海市	安庆市

以上从 GDP、经济密度、市场潜能和集聚程度层面探求了我国区域经济活动的空间分布，总体来说我们可以概括出我国区域经济活动的如下基本空间特征：（1）从纵向来看，我国区域经济的经济实力和经济潜力均有较大幅度的增长。（2）从横向来看，我国区域经济增长不均衡，呈现出典型的“梯度”特征和“核心—外围”结构，其中东部沿海区域是典型的核心区域，而广大中、西部区域则构成了外围地区。但是，围绕着每个省域内部的省会城市和经济中心，又形成了新的要素集聚极点。（3）我国经济要素分布呈现出由东向西的渐进扩展态势，中、西部区域经济能力正在逐步强化。

二、中国区域经济活动的空间演化特征：基于经济重心和人口重心

区域经济的发展是一个自然分异的过程，区域经济协调发展往往体现了人类平等发展的美好愿望，而区域经济的空间不均衡则是现实经济社会的常态。以上基于比较静态分析方法对中国经济活动的空间格局和空间特征作了初步的描述，本节将基于标准差椭圆的重心移动刻画中国经济活动的空间演化特征。各

区域经济活动处于不断演化之中，其反映了区域间经济活动和经济势力的对比过程，人力要素、资本要素、技术特征、制度变迁等要素综合决定了区域经济活动的客观实力。借鉴赵璐和赵作权（2014）、倪鹏飞和杨华磊等（2014）、白雪（2015）的研究，本部分从经济重心和人口重心两个维度测算了中国经济重心和人口重心的动态演变过程。Redding（2010）、赵作权和唐世芳（2015）认为基于重心移动的标准差椭圆方法更能够清晰的反映区域经济的空间不均衡情况，在揭示区域经济的密集度、展布性和方位形态上具有比较静态分析所不能达到的效果。

本节研究主要基于样本数据进行，选取267个地级市，未覆盖中国全部地级市区域，研究所涉及的数据来源于《中国区域经济统计年鉴》《中国城市统计年鉴》和中经网统计数据库，统计分析和可视化工具主要基于上海财经大学 Arcgis10 软件平台进行。在具体分析计算之前，我们首先给出了研究属性重心的计算方法：

$$X = \frac{\sum_{i=1}^{n} M_i X_i}{\sum_{i=1}^{n} M_i} \tag{4-5}$$

$$Y = \frac{\sum_{i=1}^{n} M_i Y_i}{\sum_{i=1}^{n} M_i} \tag{4-6}$$

其中，X 值和 Y 值分别代表属性重心的纬度值和经度值，其中 X_i 和 Y_i 分别是区域 i 的纬度值和经度值，M_i 代表区域 i 的属性值。在分析研究中，对于经济重心的计算，我们采用区域 GDP 总值，对于人口重心的计算我们采用区域年末总人口数值。在计算出上述区域经济重心和人口重心之后，我们采用 Arcgis10 软件进行标注和定位。

我们同时给出了中国区域经济重心和人口重心的动态演化路径，为细化这种动态演变，我们给出了表4－9（样本区域经济重心的测算数值）和表4－10（样本区域人口重心的测算数值），并且运用 Arcgis 在图4－4和图4－5给出了我国经济重心和人口重心移动的可视化地图。

结合表4－9和图4－4可以看出，2000—2013年中国区域经济重心基本位于北纬（32.9313，33.0558）和东经（114.7602，115.1324）之间，经济重心总体移动趋势为向西偏北方向，2000—2013 年样本区域经济重心总体移动距离为 32.1175 千米。其中，向西平行移动 31.7797 千米，向北垂直移动 4.6977 千米。在 2000—2010 年样本区域经济重心位于安徽省阜阳市临泉县境内，2011 年以后进入河南省驻马店市平舆县境内。区域经济规模和区域经济增长速度是影响中国经济重心转移的重要因素，而且其深受中国政府区域政策和区域发展战略的影响。中国区域经济政策和发展战略主要表现为以下经典案例样本：（1）1978—1994 年的东部偏向性政策，由于改革开放初期的普遍贫穷和资本匮乏，这种偏向性主要是政策层面的倾向性，典型标志是 14 个沿海开放城市和 5 个经济特区的设立。（2）2000 年 3 月开始实施的“西部大开发”战略，西部大开发具有经济崛起、强化边防、民族发展三重目的，中央政府给予了西部地区政策和资金双重支持，重点发展西部地区交通、水利等基础设施建设。（3）2004 年 3 月开始实施的“中部崛起”战略，面对强势政策支持下的东、西发展格局，中部区域沦为经济发展上的塌陷区域，为此中央于 2004 年 3 月提出了“中部崛起”战略。（4）东北振兴战略，伴随着产业周期的演化和东北国有企业活力的僵滞，东北老工业基地陷入衰退。为此，在“全国一盘棋”战略思想的引导下，中央政府于 2003 年提出了振兴东北战略。（5）“一带一路”倡议，“一带一路”倡议的提出与全球经济格局和中国经济发展的市场导向变更紧密相关，国外贸易保护升级和国内市场产能过剩促使中国开始将战略眼光西移，因此在 2015 年 3 月，由中央政府主导，国家发改委、外交部和商务部等多部门联合发布了《推动共建丝绸之路经济带和 21 世纪海上丝绸之路的愿景与行动》。与中国区域发展和政府发展战略相呼应，样本区域的经济重心移动也表现出震荡性特征。

结合表 4－10 和图 4－5 可以看出，我国人口分布基本表现出“东北—西南”的分布格局，2000—2013 年中国区域人口重心基本位于北纬（32.6605，32.7327）和东经（113.2198，113.3939）之间，人口重心总体移动趋势为向东偏南方向，2000—2013 年样本区域人口重心总体移动距离为 14.8663 千米。其中，向东平行移动 12.5114 千米，向南垂直移动 8.0373 千米。2000—2013 年中国人口重心全部落在河南省驻马店市泌阳县境内。人口重心的分布和变迁体现了区域人口规模的分布和流动，在人口老龄化和超低生育率下，人口流动对中国人口重心变迁具有重要意义。

对比分析表4－9和表4－10以及图4－4和图4－5我们可以发现的一个最为突出的特征是，样本经济重心的移动轨迹和人口重心的移动轨迹不大一致，甚至呈现出截然相反的移动方向。其中经济重心的移动方向是向西偏北，而人口重心的移动方向是向东偏南。经济重心的西移表明了自2000年以来西部经济比重的提高以及资本要素的流入，这是得益于国家的区域发展政策和西部地区巨大的市场潜力。而我们对人口重心东移的理解是，改革开放以来的东部产业发展吸引了中、西部大量的产业工人，东部地区良好的公共服务供给和制度供给条件以及迁移人群的栖息习惯的形成是我国人口重心东移的重要原因。

表4－9　　样本区域经济重心的测算

年份	重心位置		移动方向	移动距离（千米）
	纬度	经度		
2000	32.9745	115.1005	—	—
2001	32.9477	115.0983	西南	2.9904
2002	32.9322	115.1170	东南	2.4555
2003	32.9313	115.1324	东南	1.4423
2004	32.9436	115.1064	西北	2.7884
2005	32.9902	115.1102	东北	5.1996
2006	32.9871	115.0879	西南	2.1106
2007	32.9686	115.0571	西南	3.5375
2008	33.0320	115.0062	西北	8.5084
2009	33.0211	115.0098	东南	1.2590
2010	33.0259	114.9570	西北	4.957
2011	33.0421	114.8808	西北	7.3364
2012	33.0558	114.8096	西北	6.8164
2013	33.0167	114.7602	西南	6.3402

表4－10　　样本区域人口分布重心的测算

年份	重心位置		移动方向	移动距离（千米）
	纬度	经度		
2000	32.7327	113.2483	—	—
2001	32.7252	113.2357	西南	1.4454

续表

年份	重心位置		移动方向	移动距离（千米）
	纬度	经度		
2002	32.7187	113.2256	西南	1.1909
2003	32.7087	113.2227	西南	1.1459
2004	32.6842	113.2189	西南	2.7505
2005	32.6820	113.2984	东南	7.4527
2006	32.6808	113.3042	东南	7.9934
2007	32.6767	113.3099	东南	8.5388
2008	32.6747	113.3084	西南	8.3893
2009	32.6718	113.3061	西南	8.1774
2010	32.6652	113.3939	东南	8.2604
2011	32.6651	113.3935	西南	0.0391
2012	32.6620	113.3879	西南	0.6281
2013	32.6605	113.3818	西南	0.5956

图 4-4　2000—2013 年我国经济重心演变的空间可视化地图

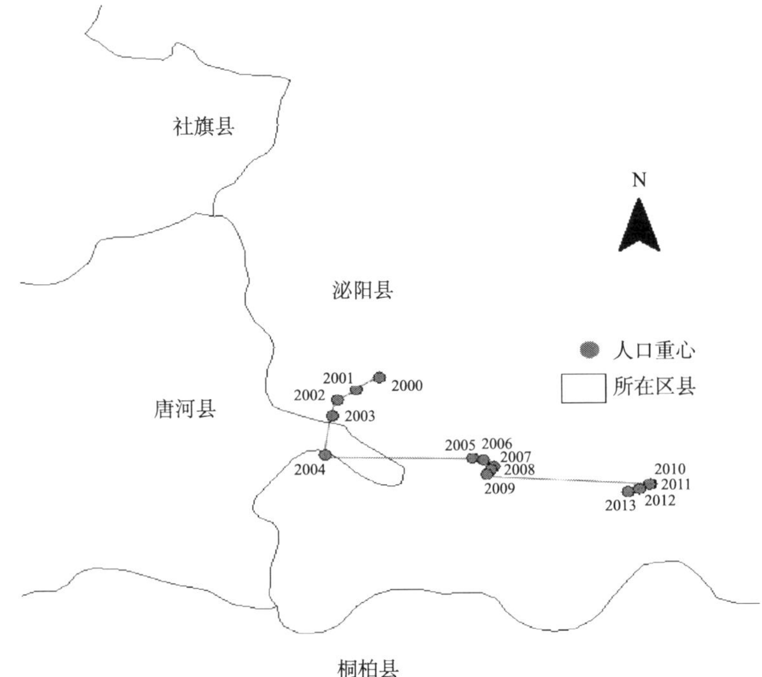

图 4-5　2000—2013 年我国人口重心演变的空间可视化地图

第五节　本章小结

经济学的研究对象不是凭空捏造的，它来源于现实并回归于现实。本章是经验研究，是后续研究的支点，基于可视化技术，我们表征了地方政府竞争、资本流动及中国区域经济活动的空间分布和空间特征。

第一，从地方政府竞争的空间可视化可以看出：基于税收手段和财政支出手段的地方政府竞争在我国是一个客观存在的现象。其中，受限于可支配财力不足，西部地区平均税负水平较高，受益于转移支付和预算软约束，西部地区平均财政支出水平也较高。而东部区域则表现出高平均税负水平和低平均财政支出水平，这表明东部地区存在着征收“集聚租金”现象。而且，从平均税负水平的总体演变趋势来看，我国区域平均税负水平经历了一个“先升后降”的过程，这表明我国区域间税收竞争不存在着“逐底竞争”现象。

第二，从区域资本流动的空间可视化可以看出：我国区域资本存量分布存在着“核心—外围”特征和“由东向西”的渐进特征，其中东部沿海区域及大部分的省会城市属于典型的核心区域，而其他区域属于外围区域。同时，除个别科技创新型城市，总体而言，我国区域资本边际产出呈现出递减规律，这与经典经济学理论较为一致。

第三，从样本区域经济活动空间分布的可视化可以看出：我们从 GDP、经济密度、市场潜能和区位熵四个指标给出了样本区域经济活动的空间分布特征，基于 GDP、经济密度和区位熵的空间可视化地图表明，我国区域经济活动呈现出明显的“梯度”特征和“核心—外围”结构，经济发展程度自东向西依次递减。基于市场潜能指标的可视化表明沿着“京广线”和“京九线”，中部地区经济势力有崛起的迹象。而从中国经济活动的空间演化可以看出，在 2000—2013 年，我国经济重心开始向西偏北移动，而人口分布重心则逐渐向东部偏南移动，经济重心和人口重心的转移路径呈现出大致相反的路径特征。

中国正处于经济转型和发展的关键时期，区域经济政策和地方政府自治能力至关重要，沿着上述地方政府竞争、资本流动和中国区域经济活动的空间分布和演化特征，我们将在以下章节深入探讨其内生关系、作用机制及作用结果，并给出其经济解释。

第五章　地方政府竞争对资本流动的有效性分析

第一节　引言

资本是区域经济发展的黏合剂，也是区域经济增长的核心要素（何雄浪，2014）。法国经济学家皮凯蒂（2014）对自工业革命以来宏观、微观财富分配的数据的分析表明，由资本累积差异推动的空间和个体层面上的不均等正在加剧，而且呈现出“世袭资本主义”① 状态。改革开放以来，由政府主导的市场经济体制设计的初衷确立了工业导向和东部偏向的经济发展政策，在价格“剪刀差”和公共政策扶持下，资本、劳动力等生产要素源源不断地向东部沿海区域集聚，由此衍生出我国区域经济要素（尤其是资本要素）分布的空间不均衡。经济新常态下，资本和劳动力边际报酬递减趋势明显，调整经济发展的空间结构是必然趋势。林毅夫（2014）认为，长期的包容性的经济增长是推动发展中国家减少贫困和缩小经济发展差距的驱动力。Nicolas 和 Guibaud 等（2015）也认为由信用约束所引致的资源的空间错配，尤其是资本要素的空间错配是阻滞中国经济增长潜力提升的重要一点。因此，我国中央政府着力制定了“四大板块、三大支撑带”② 的战略组合，并在 2017 年中央政府工作报告中重新申述了促进区域经济协同发展的政策目标，以使区域发展的协同叠加效应不断显现。

---

① 即由资本累积差异而形成的收入上的“马太效应”。皮凯蒂认为，伴随着资本收入比的提高，由资本代际传递而引起的财富分配将趋于更加不均衡。

② 所谓“四大板块、三大支撑带”是指我国区域发展中的块状和带状发展相结合的区域发展战略，“四大板块”是指东部率先发展、中部崛起、西部大开发和东北振兴战略。“三大支撑带”是指“一带一路”“长江经济带”和“京津冀协同发展”。

资本是微观经济主体的人格化，以追求经济收益的最大化为其目标。在我国区域经济发展和区域经济地理的空间重塑进程中，始终存在着政府引导和市场势力两种力量，并且公共资本约占国民资本总量的1/3—1/2①，而且在“中央舞剑，地方跟风”这一发展模式下，以争取流动资本为目标的地方政府税收竞争和地方政府财政支出竞争成为当前我国地方政府间竞争的有效手段。

普遍而言，资本的承载体即为产业或者企业，这也就形成了区域经济地理中的产业结构理论和企业区位选择理论。资本作为企业的核心要素，其对企业利益最大化的影响不仅反映在企业内部治理和投资能力上，而且受制于客观环境约束（如企业税收和政府财政补贴）。而且，由于我国处于经济转型调整期，沿海发达地区的“产品过剩”和“资本廉价”成为一种新常态，东部沿海地区高度集聚引致的“负外部性”也在一定程度上挤压了资本的收益空间。这些因素构成了资本空间扩张的内在冲动。地方政府竞争在某种程度上契合了资本的空间扩张。首先，我国区域资本空间分布并不均衡，由于经济地理因素，我国中西部地区（尤其是西部地区）资本要素显然比较稀缺；其次，资本流入意味着更多的就业机会、更高的GDP和财政收入。在政治“晋升锦标赛”和发展区域经济的压力下，地方政府会基于资本流入给予企业一定的政治和经济利益激励。因此，地方政府竞争和资本流动具有内在的空间关联性（Fuest和Huber，2003）。

但是，需要注意的是，地方政府财政支出竞争和地方政府税收竞争虽然同属于地方政府对自身利益的让渡，但是这两种竞争方式存在着异质性。主要表现为地方政府税收竞争能够完全内化到企业成本中去，而地方政府财政支出竞争更多地表现为一种空间外溢性。而且，根据Tiebout（1956）的标准税收竞争理论，地方政府竞争中的权益让渡如果得不到必要的回报，将会损害地方公共服务的供给能力，并不利于区域经济的长远发展。因此，地方政府竞争应该存在一定的底线，相应的，通过地方政府竞争而吸引流动资本则存在着“天花板”效应。

本章节余下结构安排为：第二节为模型的设定与估计方法；第三节为经验分析与讨论；第四节为稳健性检验；第五节为本章小结。

① 皮凯蒂.21世纪资本论［M］. 巴曙松，等译. 北京：中信出版社，2014.

第二节　模型的设定与估计方法

一、模型的设定

根据上述分析我们知道，地方政府竞争和资本流动具有相互影响的内生关系：地方政府竞争以内化企业收益（税收竞争）或者提供正外部性（财政支出竞争）的方式减轻了企业的必要成本开支，而资本分布的空间不均衡也会引起资本权益的地方政府竞争。因此，需要建立地方政府竞争与资本流动的面板联立方程模型以估计两者的动态关系并考察地方政府竞争对资本流动的有效性。参考陈得文和苗建军（2010）、张祥建和钟军委（2015）的研究，将两者的内生关系模型化，可表达为如下等式：

$$\begin{cases} Comp = F(X_{comp}, Capi) & (5-1) \\ Capi = G(Z_{capi}, Comp, Comp^2) & (5-2) \end{cases}$$

其中，$Comp$ 表示地方政府竞争，本书从地方政府财政支出竞争和地方政府税收竞争两个维度对其衡量，X_{comp}表示影响地方政府竞争的其他变量因素。$Capi$ 表示区域间资本流动，Z_{capi}表示影响资本流动的其他变量因素。之所以在方程（5-2）中引入地方政府竞争的平方项，是因为我们认为，地方政府竞争和资本流动存在"库兹涅茨"曲线关系。即在可持续财政能力约束下，地方政府不可能通过无限制的税收优惠或者财政投入来吸引资本流入，因为"李嘉图等价定理"① 告诉我们，地方政府的财政能力必以其现存经济实力或者透支未来税收收入为依托，在理性预期下，当人们意识到当前地方政府巨大的税收优惠或者巨额财政支出是以未来的税收收入作为代价的时候，资源要素就会流失，城市活力就会下降。因此，地方政府竞争对流动资本的吸引存在着"天花板"效应。

影响地方政府竞争的因素有很多，因为财政支出以税收收入为依托，如果不

---

① 李嘉图等价定理：在发表于 1976 年的 Barro on the Ricardian Equivalence Theorem 一文中，布坎南表达了这一思想，即政府发债与征税其效果是等价的，因为发债意味着预期未来税收收入的增加，政府债务意味着延期的税收。

考虑经济效果，仅从收入和支出层面而言，影响地方政府税收收入的因素同样也影响着地方政府财政支出。参考周业安（2004）、方红生和张军（2009）、周黎安和吴敏（2015）的研究，我们综合选取区域经济发展水平（ln*gdp*）、区域空间集聚水平（*agglo*）、政府规模（*size*）、市场自由度（*mark*）、市场开放度（*open*）以及产业结构高级化水平（*indus*）等控制变量。而对于资本流动的因素，我们综合选取了市场潜能（*pote*）、人力资本（*human*）、技术水平（*tech*）、市场自由度（*mark*）、市场开放度（*open*）以及产业结构高级化水平（*indus*）等控制变量。基于此，我们可以进一步地将地方政府竞争与资本流动的联立方程模型改写为如下式：

$$\begin{cases} Comp_{i,t} = \alpha_i + \xi Capi_{i,t} + \gamma_i X_{i,t} + \varepsilon_{i,t} & (5-3) \\ Capi_{i,t} = \beta_i + \zeta_1 Comp_{i,t} + \zeta_2 Comp_{i,t}^2 + \varphi_i Z_{i,t} + \upsilon_{i,t} & (5-4) \end{cases}$$

其中，关于 *Comp*、*Capi* 的定义与公式（5－1）和（5－2）相同，$X_{i,t}$表示影响地方政府竞争的控制变量，$Z_{i,t}$表示影响资本流动的控制变量，$\varepsilon_{i,t}$和$\upsilon_{i,t}$分别是模型（5－3）和模型（5－4）的回归扰动项，α_i、ξ、γ_i、β_1、ζ_1、ζ_2、φ_i 为模型的回归参数。

二、数据来源与变量介绍

本部分的数据主要来源于《中国城市统计年鉴》《中国区域经济统计年鉴》、EPS 全球统计数据分析平台、国研网统计数据库和中经网统计数据库，相关数据经作者整理而成，并以 2000 年为基期进行价格平减处理，数据跨期年度为 2000—2013 年，数据样本涵盖我国除港、澳、台以外的其他 31 个省的 267 个地级市，部分市级区域由于数据的不可获得性被排除了样本选择之外，样本选择具有较强的代表性。

关于被解释变量地方政府竞争（*Comp*）：我们从地方政府税收竞争（*tax*）和地方政府财政支出竞争（*exp*）两个维度进行衡量。以往的关于地方政府税收竞争和地方政府财政支出竞争的指标多是以地方政府税收收入占地方 GDP 的比重和地方政府财政支出占地方 GDP 的比重来衡量（沈坤荣和付文林，2006；郭杰和李涛，2009；王美今、林建浩和余壮雄，2010）。参考空间集聚的识别模式，我们对地方政府竞争的度量方式进行改进，分别以（地方政府税收收入占全国税收收入的比重）/（地方 GDP 占全国 GDP 的比重）、（地方政府财政支出占全国财政支出的比重）/（地方 GDP 占全国 GDP 的比重）表示地方政府税收竞争和地方政府财政支出竞争。

资本流动是本章要考察的另一个核心被解释变量，以往对区域资本流动的衡量往往是基于产业层面或者资本市场来考察，再或者是基于投资与储蓄关系的检验。前者的缺陷是产业分布往往具有空间差异，因而不能客观度量资本的整体空间分布，而基于投资与储蓄关系则只能考察资本流动强度，不能将资本流动的规模具体量化。本章借鉴郭金龙和王宏伟（2003）、王小鲁和樊纲（2004）、胡凯和吴清（2012）等的相关研究，我们根据以支出法表达的国内生产总值均等式来测算区域间资本流动。其核心逻辑是：地区生产总值可分解为资本形成总额、最终消费总额以及货物和服务输出净额三部分，其中货物和服务输出净额包括向国外的净出口额以及向国内其他区域的输出净额。据此，我们可以推算出该区域向国内其他区域的输出净额，输出净额为正，说明有国内其他区域向该区域的资本净流入，输出净额为负值，则说明存在着该区域向国内其他区域的资本净流出。同时为增强可比性，我们以其与区域 GDP 的比值来表示区域资本流动。

区域经济发展水平（ln*gdp*）：我们以区域人均 GDP 表示，同时为弱化变量可能存在的异方差，我们对该变量取对数值。

区域空间集聚水平（*agglo*）：对于区域空间集聚水平，我们采用经典的区域空间集聚水平的表达式，即区位熵表达。其计算公式为（区域非农产业从业人数/全国非农产业从业人数）/（区域就业总人口/全国就业总人口）。

政府规模（*size*）：已有文献对于政府规模的衡量多是从政府公务员人数或者公务人员办公经费来衡量。由于我国特有的行政体制，事业单位和社会组织往往承担了一部分政府职能，因此在本章中，我们选取公共管理、社会保障和社会组织人数之和来表示政府规模，单位为：万人/区域。

市场自由度（*mark*）：关于市场自由度的表达，比较经典的做法是选取王小鲁和樊纲（2004）编制的区域市场化指数，但是一方面由于其数据不具有连续性，另一方面其并未具体涵盖我国市级层面的所有样本。因此，本章关于市场自由度的表达我们采用赵伟和向永辉（2012）的做法，以非国有企业从业人数占区域在岗职工年均总人数的比值来衡量。

市场开放度（*open*）：采用区域进出口总额占 GDP 的比值测算。

产业结构高级化水平（*indus*）：以区域二、三产业产值之和占区域 GDP 的比重表示。

市场潜能（*pote*）：借鉴 Harris（1954）和刘修岩（2007）的度量方法，以样本其他区域 GDP 产值与该区域距离比值的算术加总表示，单位为：亿元/公里。为减弱异方差，我们对其做取对数值处理。

人力资本（*human*）：以每万人在校大学生人数加以表示，为减弱异方差，我们将其做对数化处理。

技术水平（*tech*）：以每万人科技从业人数来表示，为减弱异方差，我们将其做对数化处理。

以上是本章计量分析中所用到的全部指标的说明及数量表达。同时，对于数据缺失值，我们采用平滑插补和回归插补法进行处理。

三、描述性统计分析

表 5－1 给出了以上各统计变量的描述性统计特征值，从描述性统计数值可以看出税收竞争的均值为 0.6689，财政支出均值为 0.8163，这从宏观层面说明我国区域税收收入和区域财政支出增长是低于区域 GDP 增长的，但是区域财政支出增长是高于税收收入增长的。区域资本流动的均值为 0.0495，但是标准差却达到 0.2922，这说明我国区域间资本流动具有较大的不均衡性。其他统计变量的统计特征也基本符合预期，表现出一定的平稳特征。

表 5－1　　关于研究变量的统计性描述特征

变量	样本数	均值	标准差	最小值	最大值
tax	3738	0.6689	0.2809	0.2309	5.3093
exp	3738	0.8163	0.3279	0.2342	4.6050
tax^2	3738	0.5263	0.7204	0.0533	28.1889
exp^2	3738	0.7738	0.8359	0.0548	21.2063
cflow	3738	0.0495	0.2922	－1.4087	0.9848
agglo	3738	1.0341	0.2658	0.1627	1.9783
size	3738	2.298	2.8418	0.2267	40.78

续表

变量	样本数	均值	标准差	最小值	最大值
ln*gdp*	3738	9.732	0.8458	7.6802	11.8276
mark	3738	0.4098	0.1677	0.0511	0.8825
open	3738	0.2189	0.4419	0.0003	5.4419
indus	3738	0.6069	0.1597	0.1030	0.9962
pote	3738	6.0899	0.7408	3.5661	9.8556
human	3738	4.1055	1.2556	0.0513	7.1471
tech	3738	3.3052	0.9274	0.0316	6.1662

同时，为了更直观地展示我国地方政府间竞争以及探析其区域成因，图5-1和图5-2分区域展示了2000—2014年我国分区域（东部、中部和西部）税负水平演进趋势和财政支出水平演进趋势①。

从图5-1中可以看出，我国各个区域税负水平均呈现出上升态势，其区间为［0.05，0.14］，这说明我国实际税收负担并不太高，而且远远低于25%的企业所得税税率，这也从侧面表明地方政府在征税努力、征税选择以及其他税收自由裁量权方面存在巨大的权利空间。对比东、中、西部平均税负走势图可以看出，东部地区平均税收负担水平最高，而西部地区平均税收负担水平高于中部地区，且在2010年以后西部地区平均税收负担水平迅速升高，以至于接近东部地区税收负担水平。这潜在地表明我国东部地区地方政府存在对“集聚租”的征税行为，也说明西部地区在经济发展约束下，存在着“吃饭财政”和“税收竞争”的矛盾。

从图5-2中可以看出，西部地区财政支出水平高于中部地区财政支出水平，而东部地区财政支出水平最低。之所以会出现这种状况是与东、中、西部经济发展水平和区域财政支出结构紧密相连的，中、东部经济发展水平普遍高于西部，因而其财政汲取能力远远高于西部，财政的经济建设功能得以发挥，而西部地区在“吃饭财政”状况下，其财政能力捉襟见肘。我国的转移支付体制是地方在将部分财政收入统一上解中央后，再由中央统一调配使用，这部分转移支付更多的偏向了中、西部地区，即中、西部的财政支出能力是高于其财政汲取能力的。

对比分析两幅图可以看出，我国区域财政支出水平是高于其税负水平的，两者

① 以税收收入/区域GDP的比值衡量平均税负水平，以政府公共财政支出/区域GDP衡量平均财政支出水平。

差异最大的当属西部地区，“预算软约束”、地方政府债务和转移支付使得这种区域收入不平衡得以持续。而东部地区在财政平均支出水平较低的情况下，平均税负水平却是最高，证实了东部地区存在的地方政府对“集聚租”的征税行为。

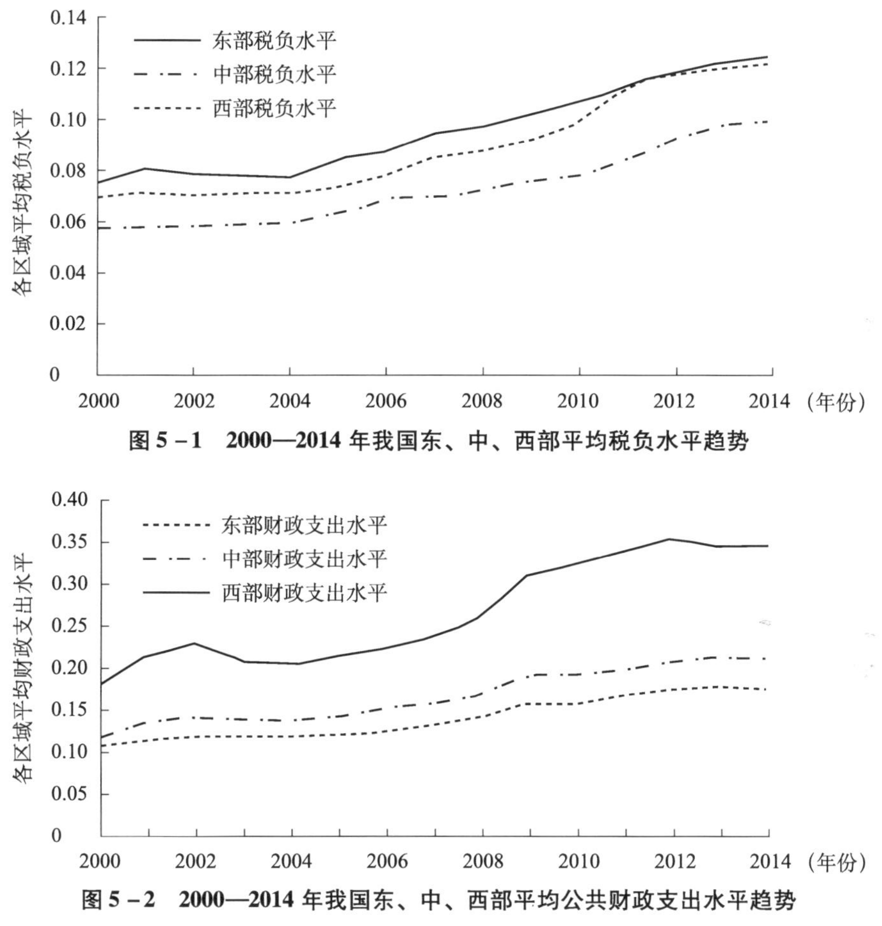

图 5－1　2000—2014 年我国东、中、西部平均税负水平趋势

图 5－2　2000—2014 年我国东、中、西部平均公共财政支出水平趋势

第三节　经验分析与讨论

一、基于 Pearson 和 Spearman 的相关性分析与讨论

在对模型进行计量分析之前，我们首先对地方政府竞争和资本流动变量进行探索性分析，基于本章样本数据，表 5－2 和表 5－3 分别给出了税收竞争、财政

支出竞争与资本流动的 Pearson 和 Spearman 相关系数。从表 5 -2 可以看出，税收竞争与资本流动的 Pearson 和 Spearman 相关系数皆为负值。即税负水平越高的地区其资本流出越为严重，这与人们的直观感觉较为一致。从表 5 -3 可以看出，财政支出竞争与资本流动的 Pearson 和 Spearman 相关系数也皆为负值，这与人们的直观感觉相违背，但是从图 5 -2 我们看到，我国西部地区是财政支出水平最高的区域，因此，从财政支出竞争与资本流动的相关关系我们推断，我国区域间可能存在资本流动的“卢卡斯悖论”，即资本没有从较为富裕的东部地区流向西部地区，而是呈现出相反的状态。

表 5 -2　税收竞争与资本流动的 Pearson 与 Spearman 相关系数分析

年份	Pearson 相关系数	Spearman 相关系数	年份	Pearson 相关系数	Spearman 相关系数
2000	-0.318	-0.299	2007	-0.223	-0.315
2001	-0.276	-0.421	2008	-0.169	-0.266
2002	-0.409	-0.45	2009	-0.062	-0.087
2003	-0.323	-0.433	2010	-0.150	-0.138
2004	-0.286	-0.408	2011	-0.179	-0.166
2005	-0.215	-0.357	2012	-0.195	-0.187
2006	-0.216	-0.333	2013	-0.182	-0.212
2000—2013 年平均　Spearman 秩相关系数：-0.163　Pearson 相关系数：-0.132					

表 5 -3　财政支出竞争与资本流动的 Pearson 与 Spearman 相关系数分析

年份	Pearson 相关系数	Spearman 相关系数	年份	Pearson 相关系数	Spearman 相关系数
2000	-0.403	-0.272	2007	-0.169	-0.121
2001	-0.322	-0.301	2008	-0.251	-0.179
2002	-0.315	-0.279	2009	-0.464	-0.362
2003	-0.208	-0.171	2010	-0.480	-0.398
2004	-0.158	-0.132	2011	-0.433	-0.376
2005	-0.102	-0.038	2012	-0.405	-0.380
2006	-0.152	-0.072	2013	-0.437	-0.438
2000—2013 年平均　Spearman 秩相关系数：-0.239　Pearson 相关系数：-0.307					

为防止由变量的非协整关系导致的伪回归，在对模型进行回归分析之前，我们需要对变量进行单位根检验。参考陈强（2014）的研究，本章采用 LLC、IPS、Hadri - LM 三种方法对各变量进行单位根检验，检验结果表明除资本流动和政府规模变量外，其他各变量均高度平稳，因此面板数据体现出一定的平稳特征。同时，为防止变量间的偏自相关，我们计算了各个方程的 VIF（方程膨胀因子），

其值均远远小于10，符合数据分析要求。

2SLS（两阶段最小二乘估计）和3SLS（三阶段最小二乘估计）是估计联立方程模型的常用方法，但是相对于2SLS方法而言，3SLS更加渐进有效。因为面板联立方程的一个核心问题即为消除个体效应和异方差，在对面板数据进行固定效应变换消除个体效应后，3SLS的第三步估计（GLS）有利于消除跨方程的异方差问题。因此，与陈得文和苗建军（2010）、张祥建和钟军委（2015）类似，本章运用3SLS方法对模型进行计量回归估计。

二、对全样本数据的估计分析与讨论

在本章考核的样本期间，中国正处在快速工业化、城市化的经济转型时期，同时伴随着产业周期和政府政策的实施，产业资本在空间上具有较强的流动性。因此，在地方主体利益竞争范式下，地方政府对流动资本的竞争不可避免。本章首先基于全样本数据考察了地方政府竞争与资本流动的内生关系，进而根据我国区域经济发展的空间差异和外部冲击，分区域、分时段对模型进行计量回归估计，试图全面而系统的分析和理解我国区域地方政府竞争和资本流动的内生关系。

表5－4给出了基于全样本2000—2013年的模型回归估计结果，其中前两列为税收竞争和资本流动的面板联立方程模型估计结果，后两列为财政支出竞争和资本流动的面板联立方程模型估计结果。

从税收竞争与资本流动面板联立方程模型的估计结果来看：在税收竞争方程中，资本流动的系数为－2.5779，且高度显著，这说明资本流动对平均税负水平具有显著影响，且与人们的预期相一致，即资本流动性越强，辖区平均税负越低，表明了资本的“用脚投票”会影响地方政府税收政策的制定。空间集聚*agglo*的回归系数为正值，但是基于全样本的回归结果并不显著，这说明空间集聚有提升地方税负水平的倾向，但是在全样本回归下，这种作用显然被平均弱化了。政府规模、经济发展水平、市场化水平与地方政府税负水平呈现出正相关关系，这与中国区域经济的现实情境相一致。但是，产业结构的回归系数为负值，即第二、第三产业比重的提升反而降低了企业的平均税收负担。对此，比较优势理论的一个有效的解释是，产业空间分布一般具有区域根植性，主导产业在推动区域经济增长和贡献区域税收方面具有巨大作用。因此，区域政府会在税收优惠、土地供应等方面给予主导产业相当的优惠，因此产业的地理集中反而降低了企业的平均税收负担。而且第二产业和第三产业往往具有较强的空间关联和较长的产业链延伸，这种特征也使得其在税收抵扣、税收筹划等避税行为上更易进行；在资本流动方程中，最为值得注意的一点即是税收竞争的回归参数值为正（1.1803），即税负水平的提升反而促进了资本要素的流入，我们给出的一个合理的解释是“集聚租”因素或者国家政策的扶持，其中东部地区表现为典型的“集聚租”，即由集聚产生的正向外部性使得企业获得了超额收益，这时企业哪怕会多付出一定的税收也会选择在集聚区域生产。而西部区域则表现为国家政策扶持，虽然“吃饭财政”现象使得西部地区税负水平较高，但是国家强有力的政策刺激和公共投资使得西部地区在平均税负水平较高的现实背景下依然是资本的流入区域。同时需要注意的是，税收竞争的平方项为负值，这说明税收竞争与资本流动的关系曲线呈现出“钟形”特征或者说“倒U形”特征，即以税收竞争强化对流动资本要素的吸引存在着“天花板”效应。一般来说当税负水平低于某一特征值时，经济地理的综合因素会吸引资本的空间流入，存在着资本的集聚效应，但是当税收负担高于该特征值时，高额税收会挤压资本的获利空间，这时候资本就会流出。

从财政支出竞争与资本流动面板联立方程模型的估计结果来看：在财政支出方程中，资本流动的回归参数为负值，即财政占比反而与资本流动占比表现出负相关关系，这一现象有违于人们的直观感知①。但是，从图5-2来看，财政支出占比明显与区域经济发展呈现出负相关关系，即东部地区财政支出占GDP的比重最低，中部地区财政支出占GDP的比重高于东部，而西部地区财政支出占比最高，这充分说明了西部地区财政“收不抵支”和“吃饭财政”的现实困境。相较于东部沿海发达地区，中西部地区经济体量偏小，但是财政上却存在着支出刚性，因此财政支出占GDP比重较高；再从资本流动方程来看，财政支出的一次项系数为负值，但是其二次项也为负值，即财政支出和资本流动之间也存在着类似于“钟形”和“倒U形”的对应关系，这说明以财政支出强化资本流入的

① 不同于税收竞争指标，财政支出竞争是一个正向指标，即数值越大，财政支出竞争越为激烈。

行为存在着最优边界约束。在现实经济生活中，地方政府以“理性人”假设作出决策，其会在最优税收负担和最优公共财政支出上作出权衡，以实现辖区经济和政治利益最大化。

对比税收竞争、资本流动的面板联立方程与财政支出竞争、资本流动的面板联立方程我们可以发现，税收竞争与资本流动的线性关系为负值且高度显著，这说明高税收往往刺激资本外流，而低税收则有益于辖区资本流入，即基于总样本的回归分析表明我国区域间税收竞争是确实有效的。财政支出竞争与资本流动的线性关系也为负值且高度显著，即地方政府的高水平财政支出反而没能吸引足够的资本流入，这是因为在产业分布的空间不均衡条件下，西部地区的财政支出并未产生巨大的集聚效应以弥补其支出成本。另外，在资本流动方程中，无论是税收竞争还是财政支出竞争，其二次项回归系数均为负值，这说明在全样本条件下，我国地方政府竞争与资本流动呈现出典型的“倒 U 形”关系，以地方政府竞争强化对资本流动的吸引存在着最优边界。因为在“中国式财政联邦主义”背景下，为防止地方政府债务危机，中央政府会在审计层面予以严厉监管。而地方政府的“理性人”角色也会迫使其不可能无限制地降低辖区税率或者无限制地扩大地方公共财政支出。

表 5－4　　　　联立方程模型全样本回归结果

变量名称	税收竞争方程	资本流动方程	变量名称	财政支出竞争方程	资本流动方程
tax		1.1803 *** (4.58)	*exp*		-0.1099 (-1.58)
tax^2		-0.4715 *** (-5.94)	*exp*^2		-0.0999 *** (-4.30)
cflow	-2.5779 *** (-17.42)		*cflow*	-2.3490 *** (-27.82)	
agglo	0.0519 (0.49)		*agglo*	0.1091 *** (2.62)	
size	0.0322 *** (11.75)		size	0.0065 *** (3.75)	
ln*gdp*	0.2512 *** (10.29)		ln*gdp*	-0.0945 *** (-4.17)	
pote		-0.0425 *** (-4.08)	*pote*		0.0048 ** (2.57)
human		-0.0092 (-1.54)	*human*		-0.0017 (-1.51)

续表

变量名称	税收竞争方程	资本流动方程	变量名称	财政支出竞争方程	资本流动方程
tech		-0.0072 (-0.90)	*tech*		0.0018 (0.72)
mark	0.1486** (2.40)	0.0032 (0.08)	*mark*	-0.0633 (-1.09)	-0.0149 (-0.58)
open	-0.0364 (-1.51)	-0.0664*** (-3.77)	*open*	0.0199 (0.91)	-0.0053 (-0.55)
indus	-0.3868** (-2.32)	-0.0474 (-1.12)	*indus*	-0.4977*** (-6.79)	-0.1358*** (-4.75)
cons	-0.5987*** (-3.69)	0.0183 (0.23)	*cons*	2.4134*** (14.32)	0.4903*** (9.13)

注：***、** 分别代表在1%、5%水平上统计显著，系数下面的括号中为Z统计量。

第四节　稳健性检验

一、分区域数据的样本回归分析

我国区域经济差异巨大，资源禀赋分布不均，根据区域经济发展水平和发展速度的差异，一般将我国区域划分为东部、中部和西部①。东部地区地理区位条件优越、背负大陆、面临海洋，是我国经济改革开放的前沿区域，经济发展水平较高，资本要素也较为充裕；中部地区处于我国经济地理的核心腹地，地理上承东启西，交通区位条件优越，经济发展总体水平次于东部地区；而西部地区幅员辽阔，地理结构复杂，且干旱、缺水，因而经济发展相对落后，且面临资本的匮乏和劳动力的外流等现实经济问题。其实，不仅在区域之间，在东、中、西区域内部也存在着地方政府竞争，只是根据经济发展阶段的不同，地方政府竞争方式和竞争内容有所差异。流动的要素是区域经济空间演化的重要力量，我国区域经济水平的多层级结构以及“核心—外围”特征促使地方政府展开对资本、技术、

① 本书引用中国国家统计局2003年公布的区域划分标准。其中东部地区包括 北京、天津、河北、辽宁、上海、江苏、浙江、福建、山东、广东、广西、海南12个省、自治区、直辖市；中部地区包括山西、内蒙古、吉林、黑龙江、安徽、江西、河南、湖北、湖南9个省、自治区；西部地区包括重庆、四川、贵州、云南、西藏、陕西、甘肃、宁夏、青海、新疆10个省、市、自治区。

人才等方面的争夺。为了更全面的分析研究主题，我们分区域检验了地方政府竞争和资本流动的内生关系。表5－5、表5－6和表5－7分别给出了我国东、中、西子样本条件下的计量回归估计。

表5－5　　分区域子样本回归结果（东部）

变量名称	税收竞争方程	资本流动方程	变量名称	财政支出竞争方程	资本流动方程
tax		3.8356*** (5.83)	*exp*		1.5934*** (3.44)
tax^2		－1.5822*** (－6.05)	*exp^2*		－1.008*** (－4.14)
cflow	－3.3514*** (－11.86)		*cflow*	－2.2578*** (－16.06)	
agglo	－0.2643 (－1.28)		*agglo*	0.2726** (2.43)	
size	0.0654*** (11.94)		size	0.0319*** (8.72)	
ln*gdp*	0.4901*** (7.65)		ln*gdp*	－0.0256 (－0.62)	
pote		0.0694*** (3.19)	*pote*		－0.0008 (－0.15)
human		0.1353*** (5.29)	*human*		0.0003 (0.76)
tech		0.1333*** (6.07)	*tech*		0.0275*** (4.01)
mark	－0.2857** (－2.26)	0.5413*** (3.67)	*mark*	－0.5483*** (－5.58)	－0.0723 (－1.29)
open	－0.0502 (－1.48)	0.0169 (1.56)	*open*	0.0131 (0.49)	－0.0499*** (－2.80)
indus	－0.4024 (－1.06)	0.6012*** (3.50)	*Indus*	－0.6639*** (－3.21)	0.1335** (1.83)
cons	－2.2063*** (－5.11)	2.5794*** (5.31)	*cons*	1.9640*** (6.83)	－0.3734* (－1.72)

注：***、**、*分别代表在1%、5%和10%水平上统计显著，系数下面的括号中为Z统计量。

从表5－5东部子样本的回归结果可以看出，在税收竞争与资本流动的面板联立方程中，资本流动的回归参数为负值（－3.3514），且高度显著。这说明税收竞争与资本流动呈现出负相关关系，高税收会促使资本外流，而低税收会吸引资本流入。资本流动对税收竞争的二次项的回归系数也为负值（－1.5822），且高度显著，这说明资本流动对税收竞争呈现出“倒 U 形”关系，这与全样本回归结果较为一致；在财政支出竞争与资本流动的面板联立方程模型中，财政支出竞争对资本流动的系数为负值（-2.2578），资本流动对财政支出平方的回归参数也为负值（-1.008），且两者都较为显著，这说明东部区域内部财政支出竞争也是无效的，既存在着政府竞争对资本流动的最优边界。上述回归结果与总样本回归结果基本一致，即东部地区税收竞争和资本流动表现出与全样本分析的一致特征。

表 5-6　　　　分区域子样本回归结果（中部）

变量名称	税收竞争方程	资本流动方程	变量名称	财政支出竞争方程	资本流动方程
tax		-3.0410*** (-2.68)	*exp*		-0.0513 (-0.27)
tax^2		0.6169** (2.45)	*exp*^2		-0.2030*** (-2.22)
cflow	-3.3498*** (-6.14)		*cflow*	-2.0178*** (-17.23)	
agglo	-0.3374 (-1.40)		*agglo*	0.0246 (1.29)	
size	-0.0401** (-2.27)		*size*	-0.0058** (-2.46)	
ln*gdp*	0.5215*** (4.58)		ln*gdp*	-0.0684** (-2.09)	
pote		0.1679** (2.12)	*pote*		0.0142** (2.42)
human		0.0461*** (2.78)	*human*		-0.0018* (-1.83)
tech		-0.0124 (-0.84)	*tech*		-0.0007 (-0.36)
mark	0.4425*** (2.94)	0.1101 (1.28)	*mark*	0.2384*** (3.10)	0.1121*** (2.99)
open	0.0765 (0.60)	0.2937** (2.21)	*open*	0.2120*** (2.90)	0.1093*** (2.95)
indus	-0.3809 (-0.80)	1.0068** (2.31)	*indus*	-0.6579*** (-5.81)	-0.3494*** (-7.62)
cons	-2.2171*** (-3.20)	0.7558*** (4.61)	*cons*	2.2336*** (9.86)	0.5612*** (4.86)

注：***、**、*分别代表在1%、5%和10%水平上统计显著，系数下面的括号中为Z统计量。

表 5-7　　分区域子样本回归结果（西部）

变量名称	税收竞争方程	资本流动方程	变量名称	财政支出竞争方程	资本流动方程
tax		1.2501 ** (2.46)	*exp*		-0.0529 (-0.36)
tax^2		-0.8648 *** (-3.45)	*exp^2*		-0.0912 ** (-2.45)
cflow	-1.7986 *** (-9.11)		*cflow*	-2.3691 *** (-16.24)	
agglo	-0.0123 (-0.10)		*agglo*	-0.0367 (-0.59)	
size	0.0037 (0.30)		*size*	-0.0112 (-1.35)	
ln*gdp*	0.1910 *** (4.09)		ln*gdp*	-0.1422 *** (-2.74)	
pote		0.0054 (0.28)	*pote*		-0.0001 (-0.02)
human		-0.0131 (-1.33)	*human*		-0.0060 * (-1.80)
tech		-0.0192 (-1.54)	*tech*		-0.0012 (-0.24)
mark	0.1089 (0.74)	0.0251 (0.27)	*mark*	0.1183 (0.73)	-0.0202 (-0.26)
open	-0.7002 ** (-2.45)	-0.4086 ** (-2.59)	*open*	-2.0213 *** (-7.31)	-0.9051 *** (-7.72)
indus	-0.4236 ** (-2.17)	0.1236 (1.10)	*indus*	-0.2557 * (-1.77)	-0.0442 (-0.67)
cons	0.2200 (0.67)	0.0682 (0.23)	*cons*	3.4356 *** (8.41)	0.6631 *** (4.16)

注：***、**、*分别代表在1%、5%和10%水平上统计显著，系数下面的括号中为 *Z* 统计量。

表 5-6 和表 5-7 分别是基于中部和西部子样本区域给出的回归估计结果，研究结果表明其回归参数也基本呈现出与全样本和东部样本回归的一致特征，即地方政府竞争中的税收竞争有利于吸引资本流入，而财政支出竞争无效。同时，值得注意的一点是，在表 5-6 税收竞争和资本流动的联合回归方程中，资本流动对税收竞争的二次项的回归系数为正值（0.6169），且在 5% 的水平上表现出统计性显著特征，这不同于基于全样本、东部地区和西部地区数据的回归结果。同时，我们从图 5-1 中也可以发现中部地区平均税负水平最低，这说明相对于

中部区域而言，以税收竞争手段吸引资本流入还具有一定的政策实施空间。

对比表 5 –5、表 5 –6、表 5 –7 中的税收竞争方程我们可以发现：资本流动对税收竞争反应的敏感度为西部 > 中部 > 东部，而且结合图 5 –1 我们知道西部地区平均税负水平在 2011 年以后已经几乎与东部地区持平，因此其可以通过结构性减税的方式促使资本的部分回流；对比表 5 –5、表 5 –6、表 5 –7 中的财政支出竞争方程我们可以发现：资本流动对财政支出竞争反应的敏感度为中部 > 东部 > 西部（虽然其反应系数为负），这也部分地说明中部和东部地区应该在公共服务供给改善、基础设施更新换代等方面继续强化其优势，以此增强其在区域竞争格局中的核心地位。

二、分时段数据的样本回归分析

2008 年的金融危机冲击了全球既有经济秩序，也改变了我国既有的增长依赖模式，产能过剩、产业资本营利能力明显降低是这一阶段产业经济的主要特征，中国经济进入“新常态”阶段。伴随着“刘易斯拐点”[①] 临邻近，东部地区劳动力要素价格上升，资本要素相对价格下降，部分营利能力较低的行业和资源型产业开始向中西部迁移，产业的空间转移重塑着我国的经济地理形态。因此，以 2008 年为分界点，我们将样本分为两个时段，以试图说明外部客观环境冲击下地方政府竞争和资本流动的动态关系。

表 5 –8 报告了全样本 2000—2008 年时间段的回归估计结果。从税收竞争与资本流动的面板联立方程看，税收竞争对资本流动的回归系数为负值（ –1. 6539），资本流动对税收竞争的二次项的回归参数为负值（ –0. 3507）。从财政支出竞争与资本流动的面板联立方程来看，财政支出竞争对资本流动的回归系数为负值（ –2. 2900），资本流动对财政支出竞争的二次项的回归系数为负值（ –0. 4285）。该时段我们所关注的主要变量的回归参数特征与全时段全样本以及全时段分区域样本回归结果基本一致，证明了上述回归分析结果的稳健性。

① “刘易斯拐点”是指伴随着城市化和工业化的进程，劳动力要素开始由剩余向短缺转变的这样一种经济增长中的瓶颈状态。

表 5-8　　分时段估计回归结果（2000—2008 年）

变量名称	税收竞争方程	资本流动方程	变量名称	财政支出竞争方程	资本流动方程
tax		0.8029 *** (4.40)	*exp*		0.5835 *** (3.85)
tax^2		-0.3507 *** (-7.18)	*exp*^2		-0.4285 *** (-6.54)
cflow	-1.6539 *** (-11.60)		*cflow*	-2.2900 *** (-20.07)	
agglo	0.3137 *** (3.88)		*agglo*	0.0975 ** (1.98)	
size	0.0331 *** (10.79)		*size*	0.0167 *** (5.51)	
ln*gdp*	0.1055 *** (6.00)		ln*gdp*	-0.1835 *** (-7.23)	
pote		-0.0517 *** (-4.77)	*pote*		0.0119 *** (3.03)
human		-0.0084 (-1.63)	*human*		-0.0044 ** (-2.17)
tech		-0.0141 * (-1.67)	*tech*		0.0027 (0.71)
mark	-0.0211 (-0.35)	-0.1586 *** (-3.13)	*mark*	-0.1527 ** (-2.06)	-0.0719 ** (-2.10)
open	-0.0069 (-0.34)	-0.0505 *** (-3.09)	*open*	-0.0110 (-0.46)	-0.0318 *** (-2.84)
indus	-0.6474 *** (-4.55)	-0.0199 (-0.44)	*indus*	-0.3975 *** (-3.93)	-0.1281 *** (-3.78)
cons	0.2939 ** (2.40)	0.3182 *** (5.29)	*cons*	3.1624 *** (16.08)	0.1783 ** (2.00)

注：***、**、* 分别代表在 1%、5% 和 10% 水平上统计显著，系数下面的括号中为 Z 统计量。

表 5-9 给出了分时段 2008—2013 年的全样本估计结果。从税收竞争与资本流动的联立方程模型可以看出，税收竞争对资本流动的回归参数为负值（-4.7597），这说明全样本条件下该时段税收竞争依然是有效的，但是资本流动对税收竞争二次项的回归系数为正值（0.2624），说明全样本下税收竞争逐渐兴起，并且资本呈现出渐进扩散状态，整体税收竞争程度对资本流动的吸引呈现出“先降后升”的态势。从财政支出竞争与资本流动的方程来看，财政支出竞争对资本流动的回归系数为负值（-2.4716），资本流动对财政支出竞争的回归系数

为正值（0.0578），说明财政支出竞争并未吸引相应的资本流入。资本流动对财政支出竞争的回归参数为正值则表明在这一时间段财政支出竞争逐渐兴起，成为地方政府竞争的另一重要手段，但是回归参数为正也表明财政支出竞争对资本流动的吸引呈现出“先降后升”的态势。

对比分析两个时间段的全样本回归结果，我们发现两者回归最重要的不同即为资本流动对于税收竞争二次项和财政支出竞争二次项的回归系数显著不同。这说明在连续时间状态下，地方政府竞争对资本流动的影响表现出不同的动态特征。在2008年以前，地方政府竞争对资本流动表现出“钟形”特征，说明这一时段我国的经济要素是比较集聚的，与我国区域经济发展的现实走势较为吻合。而到了2008年之后，产业的结构调整和空间调整使得资本要素开始向中、西部转移，因而此时地方政府竞争对资本流动表现出“U形”，即“先降后升”的态势。

表5-9　分时段估计回归结果（2008—2013年）

变量名称	税收竞争方程	资本流动方程	变量名称	财政支出竞争方程	资本流动方程
tax		-0.7315** (-2.51)	*exp*		-0.6219*** (-6.83)
tax^2		0.2624* (1.85)	*exp*^2		0.0578** (2.24)
cflow	-4.7597*** (-12.83)		*cflow*	-2.4716*** (-16.22)	
agglo	-0.3209* (-1.70)		*agglo*	-0.0475 (-1.07)	
size	0.0209** (2.09)		*size*	-0.0036 (-1.58)	
ln*gdp*	-0.0133 (-0.12)		ln*gdp*	0.0912* (1.75)	
pote		0.0029 (1.22)	*pote*		-0.0001 (-0.09)
human		0.0073** (2.24)	*human*		0.0013 (0.96)
tech		0.0053 (1.22)	*tech*		-0.0030 (-0.76)
mark	0.8982*** (4.07)	0.1945*** (4.25)	*mark*	-0.0054 (-0.05)	-0.0265 (-0.59)

续表

变量名称	税收竞争方程	资本流动方程	变量名称	财政支出竞争方程	资本流动方程
open	0.3045 *** (2.85)	0.0713 *** (3.08)	*open*	0.2018 *** (4.06)	0.0978 *** (4.63)
indus	0.8358 * (1.93)	0.1010 * (1.84)	*indus*	-0.6027 *** (-4.41)	-0.2829 (-4.90)
cons	0.1348 (0.14)	0.1253 (1.32)	*cons*	0.2049 (0.44)	0.5909 *** (6.99)

注：***、**、*分别代表在1%、5%和10%水平上统计显著，系数下面的括号中为Z统计量。

第五节　本章小结

利益诱导下的“分权治理+地方政府竞争”是当代中国辖区治理的典型模式，在政治高度集权和经济高度分权的二维“政治—经济”体制框架下，地方政府形成了“为增长而竞争”的治理模式，其核心内容即为强化区域对资本要素的吸引。而资本要素分布的空间不均衡又会反作用于地方政府竞争，促使资本要素的多极核扩散。以中国2000—2013年市级层面数据为经验样本，运用联立方程模型，本章实证检验了地方政府竞争与资本流动的内生关系，研究主要得出以下几点结论：

第一，地方政府税收竞争与资本流动呈现出负相关关系，即税负水平越高的区域资本流出越为明显，低税负水平有利于资本要素的流入。这意味着以税收竞争强化对资本要素的吸引是有效的。税收竞争是地方政府以自身掌握的税收裁量权对企业实施的税收优惠和税收减免，其主要是通过区域间的税收差别效应来实现。在一定程度上，税收竞争弥补了中、西部区域的经济地理劣势，有利于资本要素的流入。但是，在肯定税收区域差异（税率差异和结构差异）合理性的基础之上，我们也应防范区域间的“恶性税收竞争”。

第二，地方政府财政支出竞争与资本流动呈现出负相关关系，即财政支出占比的提升并未相应提升区域资本要素的流入，这意味着在尚未形成集聚态势的前提下，地方政府的财政支出竞争是无效的，或者说地方政府财政支出是低效率的。因此，在财政支出结构偏向上究竟是选择“促民生”还是“搞基建”应该具有长远战略考量。

第三，无论是基于税收维度还是财政支出维度的地方政府竞争，其回归变量二次项的系数均为负值，这表明地方政府税收竞争和地方政府财政支出竞争都表现出一定的客观限制性，即地方政府竞争对资本流动的吸引存在着“天花板”效应。在特征值之下，地方政府竞争对资本流动表现出正向的边际递增效应，而在特征值之上，地方政府竞争对资本流动表现出边际递减效应。

第四，分区域和分时段的回归结果表明，地方政府竞争对资本流动的影响表现出动态特征，即不同时段上地方政府竞争对资本流动的影响表现为非一致特征，这种不一致性受到区域经济发展程度和区域间互动竞争关系的影响。

根据以上分析，立足我国区域经济发展的现实考量，我们可以得出以下政策启示：

首先，为地方政府竞争“立法”，防止由地方政府无序竞争和恶性竞争引致的区域经济失衡和公共服务供给恶化。伴随着我国经济的供给侧改革和经济转型，实现经济的区域均衡和协调增长是进一步释放经济增长潜力的关键。而税收竞争和财政支出竞争给予了具有经济地理劣势的西部地区弥补经济短板的可支配手段，因此应当辩证看待。

其次，地方政府税收竞争和地方政府财政支出竞争可能具有不同的经济效应，因此地方政府在制定区域竞争政策时应该具有战略评估和长远眼光。地方政府税收竞争和财政支出竞争都属于地方政府以利益让渡或者利益补偿的方式对企业资本进行吸引，但是两者之间很明显的一个不同点就是，税收竞争的纯利益让渡会被企业全部吸收，而财政支出竞争则具有较强的空间外溢性质。而且，从本章的分析中我们可以看出，只有当企业的空间集聚达至一定的门槛时，财政支出的这种正外部溢出效应才能被充分利用。

再次，从上述分析可以看出，无论是地方政府税收竞争还是地方政府财政支出竞争，其都存在着既定的最优边界约束，这在客观上决定了地方政府不可能无限制地通过财政和税收手段进行竞争。因为财政竞争和税收竞争属于同一枚硬币的两面，而作为理性人的地方政府，其最终的目标指向为“筑巢引凤”，希望以外部政策实施实现本地经济的起飞和转变，而政府给予的财税政策优惠最终会通过区域经济发展得到回馈和补偿。

最后，对于地方政府竞争，我们应该转变仅仅从政治层面对其进行的认知分析，认为其仅仅是转型时期我国特殊的政治制度安排。政治制度和经济特征紧密相连，我们认为地方政府竞争是区域经济地理比较优势的发挥，这种比较优势是政策优势、制度优势和价值优势的综合体，并且能在一定程度上弥补区位劣势带来的不足。同时，根据“利维坦”① 假说，我们应当防止地方政府竞争中的“政府俘获”② 和“精英俘获”③ 倾向，使得区域和居民成为政府政策的最大受益者。

---

① 政府“利维坦”主义是指在垄断政府组织中，政府越来越追求自身利益（如公共权力最大化、公共财政预算支出最大化、政府组织规模的最大化），这种“异化”的政府目标偏离了既有的组织设定，且不受公共权力制度的约束。

② “政府俘获”是指公权力成为少数团体和组织攫取利益的工具和代言人。

③ “精英俘获”是指地方政府政策的施行的最大受益者是政治精英和经济精英，而非广大人民群众。

第六章　地方政府竞争、资本流动及其空间配置效率

第一节　引言

科技的进步和交通运输条件的改善使得人类的经济活动半径大为扩展，资源禀赋要素不再是桎梏企业区位选择的决定性力量，市场成为自由资本条件下企业决策的主要力量。在我国由计划经济向市场经济的探索和演进过程中，有效市场和有为政府是实现改革开放以来中国经济增长奇迹的关键。1994 年的分税制财政体制改革确立了地方政府对财政收入剩余的支配地位，也就相应地赋予了地方政府相应的经济主体权利。在政治晋升激励、辖区治理优化、公共预算收入最大化等多重目标的引导下，地方政府争相以税收优惠、税收减免、财政补贴、公共供给服务优化等手段强化对流动要素，尤其是资本要素的吸引。

企业是资本的人格化，以追求资本收益的最大化为目标，在资本有效需求弹性（完全弹性和有限弹性）下，资本要素会对地方政府竞争行为表现出动态流动特征。在我国经济转型进程中，我国区域间资本流动总体上表征市场经济特征，但是同时受制于政府宏观经济政策和区域发展战略的影响，如 2000 年 1 月制定的西部大开发战略、2004 年 3 月提出的中部崛起战略、2004 年 8 月提出的东北振兴计划以及 2015 年 3 月发布的“一带一路”愿景与行动，而改革开放初期的东部率先崛起战略更是至今影响着我国的东、中、西区域经济格局。在 2015 年的政府工作报告中，李克强总理着重强调拓展区域发展新空间应统筹实施“四

大板块”和“三个支撑带”战略组合①。这些宏观战略的制定显著影响了要素资源空间流向，重塑着中国的经济地理空间。现实世界经济的“块状”特征和非连续性决定了资本空间效率的非均衡性，资本总是会流向那些能给其带来最大收益的地方，并且受制于资本的稀缺程度和资本供给结构（陆铭，2016）。而资本的空间流动在实现“埃奇沃思—帕累托增进”的同时，也能够有效提升欠发达地区的工业生产能力和经济竞争力。理解我国的区域间资本空间流动应在市场和政府的二维统一框架内进行。新古典经济学认为伴随着经济的发展、市场一体化水平的提高，资本积累的动态演化会出现两种潜在趋势：即资本深化和资本广化，但是资本深化不可回避的一个现实问题就是资本的边际报酬率递减规律，因而拓展更为广阔的投资空间，实现资本广化是微观主体的另一种理性选择；同时需要注意的是，我国各类经济政策制定伊始的一个现实考量即是区域非均衡，涵盖了经济、政治、文化、种族、地理、语言等各复杂因素。与之相对应，后来的经济政策也就默许了经济空间的非平衡发展战略，虽然中央政府在之后努力推进区域经济协调发展战略。在分税制财政体制改革基本确立以后，地方政府拥有了相对独立的主体经济利益，因而辖区政府间不可避免地通过税收和财政手段对资本要素展开竞争。

地方政府竞争是地方政府对经济的干预行为。在现代经济条件下，这种干预行为着重体现为政府作为市场参与主体，通过利益诱导对市场经济要素的空间和权利主体的再分配。一方面，地方政府竞争行为强化了企业的资本收益，因为无论是基于税收的“逐底竞争”还是公共支出的资本化，它都有利于企业节约成本，增强企业竞争力。另一方面，作为利益主体的地方政府竞争给予了微观个体更多的“用脚投票”的权利，有利于限制地方政府的无约束资源汲取行为，这也是第二代财政分权理论的核心命题。但是地方政府竞争为人诟病的方面在于由地方政府竞争引致的市场分割、重复建设以及公共服务供给的空间错配具有扭曲要素空间配置效率的可能性。当前，我国财政分权体制臻于成熟，在宏观经济从

---

① 2015 年的中央政府工作报告首次提出“四大板块”和“三个支撑带”战略组合。“四大板块”是指东部率先发展、西部大开发、中部崛起、东北振兴四个中央发展战略和计划；“三个支撑带”是指“一带一路”、长江经济带和京津冀协同发展战略。

“三期叠加”① 到“新常态”的渐进转型中，地方政府竞争既有可能实现欠发达地区的“弯道超车”，也有可能凸显出经济增长上的“马太效应”。因此，探索地方政府竞争背景下的我国资本要素的空间分布及其空间配置效率对于匡正地方政府行为、引导资本要素的合理流动具有积极意义。

本章余下内容结构安排为：第二节为区域间资本流动及其空间配置效率的估算；第三节为模型设定、数据来源与指标选取；第四节为估计方法与实证研究发现；第五节为进一步讨论：税收竞争的企业内化效应与财政支出的空间错配；第六节为本章小结。

第二节 区域间资本流动及其空间配置效率的估算

一、资本流动的估算及我国资本区域间流向

经济地理是非均衡的“块状”经济，在非连续性和间断的“块状”经济的作用下，资本要素流向边际配置效率最高的经济空间，在本地市场放大效应和价格指数效应的共同作用下，再加上外生需求冲击和技术冲击，区域间资本流动和资本配置效率就形成了循环累积因果关系或“前后向联系”。政府政策会对区域资本流动产生影响，在我们的讨论中，我们认为无论是地方政府税收竞争还是地方政府财政支出竞争都会对资本流动产生影响。从税收竞争层面来看，在其他条件不变的情况下，资本会流向税率更低的空间区域；从财政支出竞争层面来看，地方政府更多的财政支出意味着更好的公共基础设施、更优越的人才储备和制度优化。而无论是税收成本的降低还是外在制度和公共服务供给的优化，都将有利于降低企业成本，并内化为企业资本收益。

关于资本流动的经典测算方法有两类：即“F-H”测算方法和“物—资”逆向测算方法。“F-H”测算方法最先由美国哈佛大学经济学教授 Feldstein 和 Horioka（1980）提出，他们认为在资本自由流动条件下，一国或者区域的投资不应该

① “三期叠加”是指中国经济转型进程中经济上出现的从高速到中高速的增长速度换挡期、结构调整阵痛期、前期刺激政策消化期交错现象。

受到其储蓄水平的制约，因为总会有外来资本填补其空缺和不足。一个国家或者区域的储蓄率和投资率越是高度相关，则说明辖区资本流动性越小，而如果储蓄率和投资率相关系数较低，则说明资本流动性较强。沿着“F-H”资本流动测算方法，经济学者将其从国际资本流动测算逐步推向一国区域内部资本流动测算。Iwamoto 和 Wincoop（2000）基于投资和储蓄的相关关系实证检验了日本市级层面的资本流动性，研究表明日本国内的“投资—储蓄”相关系数显著高于欧盟区域内部，辖区政府治理边界显著阻碍了日本区域内部的资本流动性。基于国家收入分层聚类，运用 Johansen 协整和向量自回归方法，Kiziltan 和 Golovko（2016）检验了“投资—储蓄”关系下的资本动态流动，研究表明不同收入分层聚类下，资本流动呈现出多元特征。但是基于“F-H”方法测算的资本流动有一个明显的缺陷即是它只能测算出区域间资本流动的强度和大致规模，而对资本流入或者流出的具体数值估算显得无能为力。

在本章中，为深入挖掘地方政府行为及市场力量对区域间资本流动的影响，我们显然需要计算出区域间资本流动的净值。基于宏观经济学的一般均衡分析方法，Campbell 和 Mankiw（1990）、Shibata 和 Shintani（1998）、郭金龙和王宏伟（2003）、王小鲁和樊纲（2004）、豆建民（2005）、郑长德和曹梓爔（2008）、胡凯和吴清（2012）、王喜和赵增耀（2014）通过构建区域消费和产出的均衡关系来测算区域间的资本流动。他们认为，基于支出法核算的一国或者一区域的 GDP 构成应包含居民消费总额、资本形成总额、商品和服务的净输出额等类别①，而商品和服务的净输出一项又可细分为该区域向国内其他区域的净输出和该区域向国外的净出口两个部分。不同于以国家为主体，将研究样本缩小至市级层面，辖区间贸易所产生的资本要素流入显然构成辖区 GDP 的重要组成部分，因为根据石敏俊（2013）的测算，中国国内区域间贸易总量远远超出其与国际贸易的发生量。其中，区域向国外的出口净额由区域向国外出口总额与区域从国外进口总额的差值求得。据此，我们可以推算出该区域向国内其他区域货物和服务的输出净额，并进而得到区域间资本流动净值。其基本逻辑为：现代市场经济条件下，资

① 在历年《中国统计年鉴》及各省、市、区统计年鉴中，基于支出法核算的 GDP 被分解为居民消费总额、资本形成总额以及货物和服务的净输出额，而本章将研究样本缩小至地市级层面，从区际贸易层面考量，商品和服务的区际间净输出所创造的资本流入显然应归入于本辖区 GDP。这不同于我们在经典宏观经济学中以国家为研究主体的三部门或者四部门模型。

金和货物的对等交换是价值规律的基本体现，在遵循价值规律的基础上就形成了资金和货物的反方向运动。即某地区若存在着资金的净流入，必然存在着贸易中货物和服务的净出口；反之，则存在着货物和服务的净进口。根据上述国内生产总值恒等式我们可以测算出区域间资本流动的方向和规模，基于中国地市级层面数据，表6-1分别给出样本区间在2001年、2005年、2009年和2013年区域间资本流入和流出排行的前15位。

表6-1　　样本区间资本流出—流入排行

2001年		2005年		2009年		2013年	
流入排行	流出排行	流入排行	流出排行	流入排行	流出排行	流入排行	流出排行
上海市	东莞市	上海市	宁波市	广州市	重庆市	上海市	重庆市
苏州市	深圳市	北京市	杭州市	上海市	成都市	北京市	哈尔滨市
北京市	中山市	广州市	沈阳市	北京市	沈阳市	广州市	福州市
大庆市	西宁市	天津市	嘉兴市	佛山市	福州市	大庆市	沈阳市
唐山市	兰州市	大庆市	厦门市	大庆市	西安市	日照市	西安市
无锡市	淮北市	唐山市	潍坊市	东营市	武汉市	深圳市	大连市
成都市	丽水市	苏州市	金华市	泉州市	厦门市	榆林市	贵阳市
泉州市	厦门市	珠海市	常州市	唐山市	深圳市	佛山市	温州市
石家庄市	阜新市	无锡市	福州市	苏州市	南京市	东莞市	金华市
烟台市	太原市	沧州市	中山市	淄博市	石家庄市	东营市	成都市
福州市	拉萨市	东营市	长沙市	东莞市	郑州市	玉溪市	郑州市
济南市	南京市	鞍山市	菏泽市	无锡市	昆明市	唐山市	武汉市
长春市	舟山市	泉州市	湖州市	榆林市	吉林市	茂名市	宁波市
佛山市	嘉峪关市	东莞市	青岛市	茂名市	宁波市	苏州市	杭州市
淄博市	阳江市	长春市	吉林市	鞍山市	嘉兴市	无锡市	昆明市

2001年样本区域资本流入和流出的排行显示出：资本流入排行居前的地区为北京都市圈（以北京市、唐山市、石家庄市为主体构成）和上海都市圈（以上海市、苏州市和无锡市为主体构成）以及东部地区的部分省会城市和部分工业强市，而资本流出居前的城市则为珠三角都市圈（以深圳市、东莞市和中山市为主体构成）、煤炭资源型城市（如淮北市、阜新市等）和部分西部城市（如兰州市、西宁市和嘉峪关市等）。基于样本空间连片特征显示出，在此阶段我国资本空间流动总体呈现出“中部塌陷”特征，即东部地区和西部地区是资本的净流入地区，而中部区域是资本的净流出区域。而这一阶段之所以形成资本“中部塌

陷”的现象是与国家的区域政策、产业结构和资源禀赋相联系的。从区域政策层面，我国自 2000 年 1 月起开始实施“西部大开发”战略，一系列税收优惠、政策优惠和产业扶持开始倾向于西部地区。例如，根据《国务院关于实施西部大开发若干政策措施的通知》（国发〔2001〕33 号）及《国务院办公厅转发国务院西部开发办关于西部大开发若干政策措施实施意见的通知》（国办发〔2001〕73 号）文件，自 2000—2010 年设立在西部地区的国家鼓励类内资和外资企业，减按 15% 的税率征收企业所得税；经省级政府批准，民族自治地方的内资企业可以定期减征或免征企业所得税，外商投资企业可以减征或免征地方所得税。同时，中央财政加大了对西部地区的财政转移支付力度，以提升西部地区的公共基础设施和公共服务的供给水平。

2005 年样本区域资本流入和流出的排行显示出：北京都市圈（以北京市、天津市、唐山市为主体构成）和上海都市圈（以上海市、苏州市和无锡市为主体构成）以及泉州市和东莞市处于我国资本流入的居前位置，而浙江地区的杭州市、宁波市、嘉兴市、金华市、湖州市以及山东地区的潍坊市、菏泽市处于资本流出的居前位置，江浙地区和山东在这一时期成为资本的净流出区域，这是因为作为我国外向型经济的典型代表，江、浙以及山东的贸易进出口额度很大，而如果加上净出口，这三个区域依然是资本的净流入地区。基于空间连片特征，这一阶段，我国广大的中部腹地成为资本的净流入地区，西部地区资本净流入区域逐渐缩窄。同时，2005 年我国区域间资本流动受到政府政策的干扰较大，这一时期实施的“中部崛起”战略有力地刺激了资本向中部地区的流入。但是不同于西部大开发中国家对西部地区税收上的巨大优惠，在中部崛起过程中我国政府更强调对中部省区的公共基础设施以及人力资本的投资，这是与中部地区特定的经济地理和人文环境相联系的。首先，中部地区作为我国行政区划的中心区域，战略位置极为重要，交通枢纽地位不容置疑，而长期以来受制于经济发展滞后和财政资金投入不足，中部地区的交通运输容量受到客观的瓶颈约束，因此提升中部地区基础设施建设水平势在必行。其次，中部省区拥有巨大的人力资源优势，在开放型经济的驱动下，中部地区的人力资源能够有效地转变为劳动力要素参与到沿海地区劳动密集型产业的工业生产中，因此提升人力资本价值以提升工业企业全要素生产率是政府政策制定的出发点。

2009 年样本区域资本流入和流出的排行显示出：北京区域和上海区域依然处于样本资本流入居前位置，但是以广州、东莞、佛山、泉州为代表珠三角区域在这一阶段的资本流入也处于居前位置。而资本流出地区排行居前的则主要为中西部地区的省会城市，如重庆市、成都市、西安市、石家庄市和郑州市等。基于空间连片特征显示出，中西部地区和东北地区是这一阶段资本的净流出区域。

2013 年样本区域资本流入和流出的排行显示出：我国区域间资本流动的一个显著特征即是资本的“多中心”分布格局，北上广深区域均已成为我国资本流入的高值区域，除福州市、沈阳市、杭州市、宁波市等个别东部市域外，以哈尔滨市、沈阳市、西安市、郑州市、武汉市、成都市、昆明市等为代表的东北部分城市和西部城市处于资本流出居前位置。基于空间连片特征，东北地区、西部地区、粤西北地区是资本流出的主要区域，而中东部地区则为资本流入的主要区域。关于资本的净流出，部分学者认为这是基于制度恶化和“资源诅咒”条件下资本的“用脚投票”（胡凯和吴清，2012；邵帅和齐中英，2008）。

二、对我国资本空间配置效率的估算

经典的关于资本空间配置效率的测算方法有三种：（1）总量资本—产出比法，即计算每一单位产出所需要的资本量。（2）增量资本—产出比法（又称资本边际产出比，简称 ICOR），即计算新增一单位产出需要耗费的资本量。（3）资本—产出弹性系数法，即以资本投资增长率对产出增长率的回归系数作为资本的空间配置效率。Wurgler（2000）认为基于投资价值回报的对等性，资本总是会流向那些能够带来最大利润的行业或者地区。因此，资本的产出弹性能够有效地反映资本的利用效率。樊潇彦和袁志刚（2007）认为基于总量资本—产出比和 ICOR 方法核算的资本配置效率是不恰当的，因为他们体现的是增量改革下的资本效率的变动，而不能体现出制度变革下资本深化的力量。才国伟和钱金保（2009）、郭熙保和罗知（2010）等同样认为由于区域经济体的资本产出弹性、要素替代弹性、人口增长率及产业结构方面的差异，总量资本—产出比和 ICOR 方法并不能直接用来衡量资本的空间配置效率。而基于资本—产出弹性系数法测算的资本空间配置效率的一个显著缺陷即在于它只能测算某一时间区间内的资本配置效率，时域间隔太大时，其并不能满足我们对面板数据值的要求。

以新古典模型为基本框架，基于柯布—道格拉斯生产函数，Caselli 和 Feyrer（2005）提出了一种新的测算资本空间配置效率的方法。与 Bai 和 Qian（2006）、郭熙保和罗知（2010）等类似，我们也采用 Caselli 和 Feyrer（2005）的方法对中国资本空间配置效率进行估算。该模型的具体框架及计算路径为：

设定柯布—道格拉斯形式的生产函数为：

$$Y = AK^{\alpha}L^{\beta}$$

其中，A 表示全要素生产率，K 表示生产过程中的资本要素投入，L 表示生产过程中的劳动要素投入，α 和 β 分别代表资本要素和劳动要素的产出弹性。函数形式遵循规模报酬不变，即满足约束条件：$\alpha + \beta = 1$。

根据以上叙述，我们可以求得到资本的边际产出为：

$$MPK = A \times \alpha K^{\alpha-1}L^{\beta} = \alpha \times \frac{Y}{K}$$

从上述表达式我们可以看出，计算资本边际产出，我们需要知道的两个未知核心变量即为资本要素的产出弹性 α 和资本存量 K。对于资本要素的产出弹性，我们可以通过求解双对数形式的产出 Y 对资本存量 K 的回归系数来得出。所以，求解区域资本边际产出的核心在于计算出区域资本存量。借鉴张军（2004）的研究，我们以永续盘存法求得样本区域的资本存量值。

根据以上分析框架和计算路径，我们可以求得样本区间各个区域的资本空间配置效率。同时，为分析我国区域资本效率的动态变化，我们分样本（全国、东部、中部、西部）计算了我国区域资本配置效率，并绘出了其核密度分析图。与表 6－1 相对应，核密度分析图的样本选择年限为 2001 年、2005 年、2009 年、2013 年，图 6－1 给出了全样本及分区域样本资本配置效率的核密度分析图。

从图 6－1 可以看出：首先，整体分布逐渐左移的趋势反映了资本产出的边际递减倾向。经济学理论认为资本边际产出的递减倾向预示着厂商盈利空间的缩窄，并引致资本流向非均质空间中利润率更高的区域；其次，全样本、东部地区样本、中部地区样本的核密度图存在右偏倾向，而且这种右偏是低水平的，说明

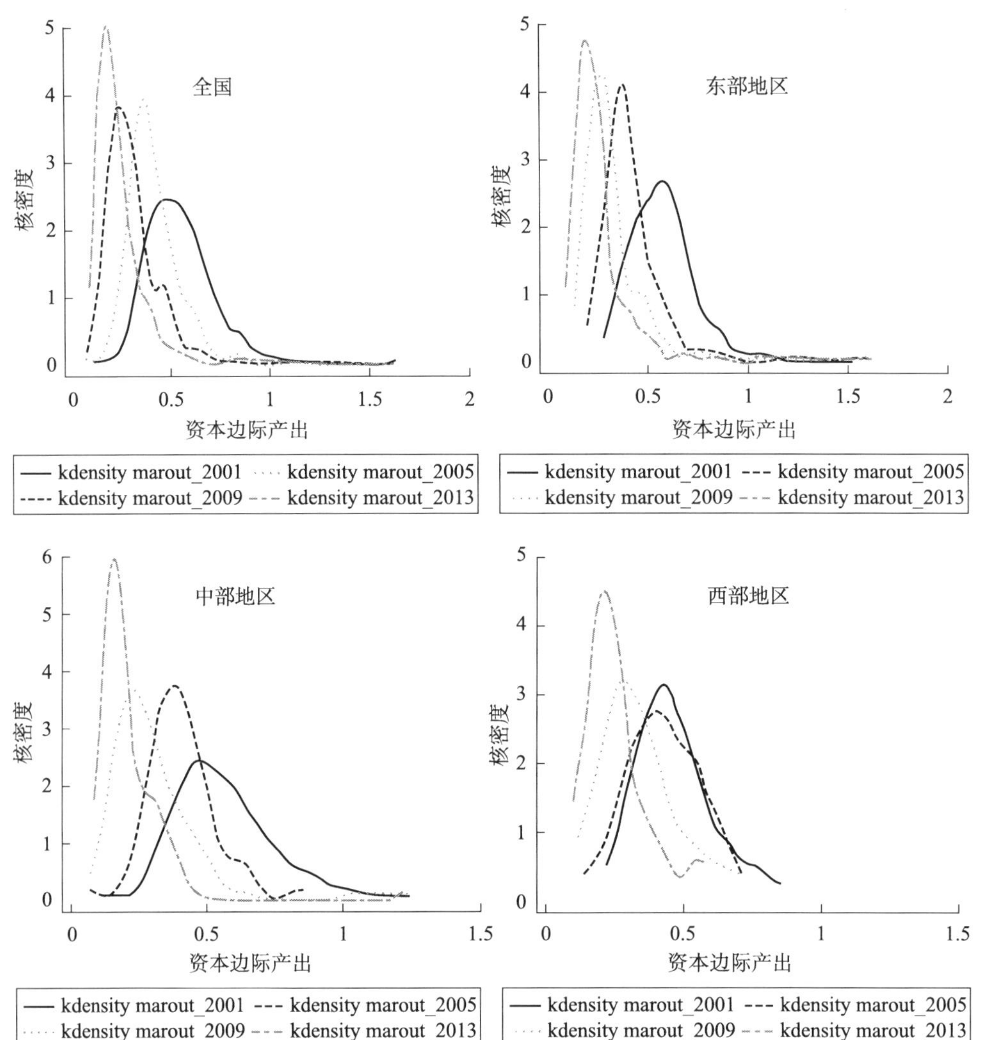

图 6-1　分区域样本资本边际产出的核密度图

在全样本中、东部样本区域内部、中部样本区域内部资本边际产出是非常不均等的，存在少数资本边际产出较高的区域；再次，我们发现在样本年限内，伴随着核密度图的左移，图形峰度逐渐收窄、中间组资本边际产出逐步提升，这反映了组群内部越来越多的样本数据向众数组靠拢的倾向，但是核密度图的峰值和最小值的离差逐渐拉大的趋势也反映出组群内部最不发达区域和最发达区域间存在两极分化现象；最后，核密度曲线由单峰分布发展为双峰分布，说明随着时间的推移，我国区域资本边际产出有可能呈现出俱乐部收敛状态。

第三节 模型设定、数据来源与指标选取

一、基于 Moran'I 的空间相关性检验

经济的空间集聚是中国区域经济演进的典型特征（Fujita 和 Hu，2001；邵明伟和钟军委，2015），刘修岩（2014）认为空间集聚会引发区域经济增长中的效率失衡。在市场的自组织和循环累积因果关系作用下，我国区域经济增长中的资本配置效率也往往呈现出“核心—外围”特征。但是，值得注意的一点是，在空间效率失衡状态下，要素资源之并未呈现出“完全极化效应”①，而是呈现出不同层次水平上的“多峰”状态。造成这种现象的原因除了增长极区域溢出效应的阈值约束和集聚的负外部性以外，由地方政府竞争引起的正外部性也给予了企业生产更大的空间弹性。从理论上可以这样理解这种空间弹性的拓展：正常情况下，企业生产的临界点即为边际成本曲线与边际收益曲线的交叉点，而引入地方政府竞争以后，地方政府为吸引流动要素的注入，其所能采用的无非是扩大财政支出改善基础设施、兴建产业园区，实行产业集群发展，或者是直接给予企业税收上的优惠。很明显地方政府竞争行为会降低企业的成本支出。而且，地方政府竞争往往具有空间上的策略博弈和互动。因此，我们认为基于地方政府竞争的资本的空间配置效率具有空间相关特征。为验证上述结论的正确性，我们分别基于一阶临界矩阵、直线距离矩阵和经济距离矩阵计算了我国市级层面样本区间在2000—2013 年区域资本配置效率的 Moran's 指数，具体如表 6 - 2 所示。

从我国市级层面区域资本空间配置效率的 Moran's 指数的空间相关性检验中我们看到，基于一阶临界矩阵和距离矩阵的 Moran's 指数值呈现出显著的空间相关性，而基于经济距离矩阵的 Moran's 指数值呈现出弱空间相关性。这意味着我国区域间资本配置效率存在着空间上的相关关系和互动影响。因此，本章将基于目前较为流行的空间计量经济分析方法进行模型构建。

---

① “极化效应”一词首先由瑞典经济学家缪尔达尔提出，它是指经济增长极点的自我强化效应。“完全极化效应”是指经济增长极点对要素吸引的“黑洞”状态。

表 6－2　2000—2013 年不同空间权重下我国地市级层面资本配置效率的空间相关性及其检验

	2000 年	2002 年	2004 年	2006 年	2007 年	2009 年	2011 年	2013 年
(1)	0.112** (2.937)	0.072** (2.086)	0.099*** (2.756)	0.167*** (4.532)	0.181*** (4.772)	0.195*** (5.161)	0.172*** (4.604)	0.153*** (4.184)
(2)	0.019*** (2.925)	0.009* (1.879)	0.022*** (3.627)	0.038*** (5.521)	0.038*** (5.514)	0.036*** (5.380)	0.029*** (4.455)	0.027*** (4.252)
(3)	0.177* (1.682)	0.063* (1.432)	0.042** (1.389)	0.100 (0.782)	0.100 (0.641)	0.072 (1.032)	0.054* (1.412)	0.055* (1.337)

注：①（1）、（2）、（3）行分别代表基于一阶临界权重矩阵、直线距离权重矩阵、经济距离权重矩阵计算的 Moran's I 值。

② *、**、*** 分别表示通过 10%、5%、1% 水平下的显著性检验，括号内为 Z 统计量。

③限于篇幅省略了部分年份空间相关检验的 Moran's I 值。

二、模型设定

空间作为一种平台和载体参与到经济活动中去，经济活动具有空间相关性和空间异质性，经典计量经济学考虑了经济活动的时间相关性和个体异质性，而忽视了经济活动的空间依赖特征，空间计量分析则弥补了经典计量经济学中对空间因素的忽略。根据空间计量模型中被解释变量 Y、解释变量 X 以及误差项 ε 之间的交互影响和关系，我们大致可以将空间计量经济模型概括为三类，即：空间滞后模型（SAR）、空间误差模型（SEM）、空间杜宾模型（SDM）。其中，SAR 模型主要探讨各个经济主体间经济现象的博弈和依赖关系，如地区间政府政策制定的博弈均衡；类似于经典计量经济学中，我们不可能穷尽所有对被解释变量的影响因素一样，在空间计量经济分析中，空间依赖可能是由于遗漏了系统性解释变量而引起的，SEM 模型度量了此类系统性误差冲击对邻近经济活动的影响；SDM 模型是强化了的 SAR 模型，它将自回归因子引入到解释变量中，考虑了系统性解释变量对邻近区域的冲击。Lesage 和 Fischer（2008）、叶阿忠（2015）等认为在扰动项存在空间相关性和遗漏解释变量时，SDM 是较为理想的空间计量建模方法。因此，我们也将选取 SDM 模型作为本章分析的基础模型。

空间经济依赖关系的核心是构架空间权重矩阵，在本章中我们着力构建三种类型的空间权重矩阵以客观反映我国区域经济效率的空间交互和依赖关系。即：

（1）0—1 邻接权重矩阵。两个地理单元若彼此相邻则赋值为 1，否则为 0。（2）直线距离权重矩阵。利用百度平面地图查询两两区域之间的直线距离。（3）经济距离权重矩阵。取两两区域人均 GDP 差值倒数的绝对值。为保证矩阵中每行元素之和为 1，我们对空间权重矩阵进行标准化处理。根据以上分析，我们给出本章分析的基础空间计量模型：

$$Y_{i,t} = \beta_0 + \rho WY_{i,t} + \beta_1 comp_{i,t} + \beta_2 cflow_{i,t} + \delta Wcomp_{i,t} + \varphi Wcflow_{i,t} + \beta X_{i,t} + \varepsilon_{i,t} \quad (6-1)$$

其中，$Y_{i,t}$是被解释变量，代表区域 i 第 t 年的资本配置效率，$comp_{i,t}$代表区域 i 第 t 年 的地方政府竞争程度，在本章中我们分别以平均税收负担和平均财政支出水平加以表示。$cflow_{i,t}$代表区域 i 第 t 年的资本流动程度，根据上述区域国内生产总值平衡式算出。$X_{i,t}$是控制变量，β 为控制变量 X 的回归系数，ρ 为对应于被解释变量 Y 的空间效应系数，δ 和 φ 为对应于解释变量政府竞争$comp_{i,t}$和资本流动$cflow_{i,t}$的空间效应系数，W 为对应的空间权重矩阵，$\varepsilon_{i,t}$为模型残差项。

考虑到区域资本配置效率变化的渐进性，我们引入因变量的滞后一期对基础模型进行拓展。Sachs 和 Warner（1995）认为引入因变量的滞后一期有利于减弱由遗漏偏误带来的内生性问题。拓展后的空间动态面板模型可表示为：

$$Y_{i,t} = \beta_0 + \lambda Y_{i,t-1} + \rho WY_{i,t} + \beta_1 comp_{i,t} + \beta_2 cflow_{i,t} + \delta Wcomp_{i,t} + \varphi Wcflow_{i,t} + \beta X_{i,t} + \varepsilon_{i,t} \quad (6-2)$$

式中，$Y_{i,t-1}$是因变量 $Y_{i,t}$的滞后一期，λ 是其回归系数。关于模型中其他指标的说明，与模型（6－1）相同。

在市场经济条件下，市场作为“无形之手”对资源配置起着基础性作用，资本总是流向能够获得最大收益的地区。地方政府竞争并未否定市场经济对资源配置的基础性作用，相反，它正是在市场经济的框架内，运用政府经济资源对要素流向进行调节。它使得在增强企业利润弹性空间的基础上，允许要素资源在更广阔的范围内流动和扩散。因此，我们得到基于调节效应的空间动态面板模型为：

$$Y_{i,t} = \beta_0 + \lambda Y_{i,t-1} + \rho WY_{i,t} + \beta_1 comp_{i,t} + \beta_2 cflow_{i,t} + \beta_3 comp_{i,t} \times cflow_{i,t} + \delta Wcomp_{i,t} + \varphi Wcflow_{i,t} + \beta X_{i,t} + \varepsilon_{i,t} \quad (6-3)$$

其中，β_3 为调节效应系数，模型中其他变量定义与模型（6－1）和模型（6－2）中相同。

三、数据来源与指标选取

本章所用数据主要来源于《中国区域经济统计年鉴》《中国城市统计年鉴》《中国经济与社会发展统计数据库》等，其中关于区域资本流动、资本存量、资本边际效率数据的测算已在前面进行了详细说明，故不再赘述，所有数据均以2000年为基准进行平减化处理。由于制度文化的差异以及数据的不可得等原因，本章样本选择排除了港、澳、台等部分区域，最终选定267个市级层面样本区域，样本选择年限为2000—2013年。

对于本章的各项选取指标，除了上述已经介绍的资本空间配置效率、资本流动、资本存量等关键指标外，本章还引入了以下关键解释变量和控制变量：

地方政府竞争：地方政府竞争是一个多维度的存在，包含政治、经济、生态、制度等多个层面，而所有考察范式都紧紧围绕着经济发展目标和地方政府竞争方式的策略选择。与新经济地理学、公共财政学、新制度经济学对地方政府竞争的定义相类似，本章从财政支出和税收收入两个视角考察我国的地方政府竞争。对于财政支出视角下的地方政府竞争，参考郭庆旺和贾俊雪（2009）、李涛和周业安（2009）、邓明（2013）等学者的指标设定，我们以地方公共财政支出总额占GDP的比重来表示；对于税收收入视角下的地方政府竞争，与沈坤荣和付文林（2006）、范子英和田彬彬（2013）、龙小宁等（2014）类似，我们以地方政府税收收入占GDP的比重来表示。除此以外，本章还引入了以下控制变量：

市场潜能 $marpote_{i,t}$：市场潜能反映了市场区位的可达性和市场经济活力的大小，借鉴Harris（1954）、刘修岩（2007）对市场潜能的度量方法，本章设定市场潜能的计算公式为：

$$marpote_{i,t} = \sum_{i \neq j} Y_{j,t} / d_{ij}$$

即区域 i 在第 t 年的市场潜能是其他区域在第 t 年的GDP产值与该区域距离比值的算术加总。需要注意的是：在区域样本中，经济最为发达的中心极区域并非总是拥有最大的市场潜能，市场潜能的最大值区域往往位于经济发达区域的交叉或者节点地带。

人力资本 $hucap_{i,t}$：人力资本反映了区域劳动力的素质和数量，Wang（2003）等以分级受众教育的加权平均来测算区域人力资本水平，但是由于缺乏市级层面每一年度分级受教育年限的人数，故我们以年度每万人在校大学生人数作为人力资本水平的替代指标。

技术水平 $tech_{i,t}$：技术水平是引导资本深化的绝对力量，但是其对社会力量变革的推动往往具有较长的时序性，而且伴随着现代交通和通信网络的发展，技术的传播力量也相当迅速。在本章中，我们以每万人科技从业人员数表示区域技术水平。

市场化程度 $market_{i,t}$：市场化程度是表征资源配置效率的关键考量，但是由于计划经济的遗留和国家强有力的宏观调控等方面的原因，国有经济依然占有较大比重。参考赵伟和向永辉（2012），我们以非国有企业在岗职工数与区域在岗职工年均总人数之比来表征区域市场化程度。

市场开放度 $marope_{i,t}$：以区域进出口总额占 GDP 的比重来表示。

产业结构高级化程度 $indus_{i,t}$：以非农产业产值占 GDP 的比重来表示。“配第—克拉克”定律认为，伴随着经济的发展和产业结构的演进，一次产业所占的比重将逐渐降低，第二产业、第三产业所占的比重将逐步提升。这暗涵着产业结构高级化的推进将有利于提升辖区资本的空间配置效率。

市场可达性 $infras_{i,t}$：市场可达性反映了要素和产品市场的经济变现能力，良好的交通基础设施有助于要素和产品市场的空间交换，因此我们以单位区域面积的公路里程表示市场可达性。

金融深化水平：金融深化水平反映了金融资本服务于实体经济的能力，我们以年末金融机构存贷款余额与区域 GDP 的比值来表示。

在我国市场经济发展和区域经济增长演进中，政治制度上的顶层设计发挥了重要作用，如改革开放初期的经济特区、沿海经济开放区以及 1994 年正式实施设立的 15 个副省级城市。这些副省级城市作为我国区域经济发展的关键节点，往往对区域经济发展具有强有力的辐射、推动作用。而省会作为区域政府的政治和文化中心，也往往是要素资源最为集中的核心地带。基于以上考量，我们引入区域虚拟变量：对省会城市、副省级城市、经济特区、沿海开放区赋值为 1，其余则为0。

为保证估计参数的良好性质，我们对资本存量、市场潜能、人力资本、技术水平等变量取对数形式，以缩小由异方差带来的模型干扰。各研究变量的定义及指标说明如表6－3所示。

表6－3　关于研究变量的解释性说明

变量类型	变量名称	变量定义	变量指标说明	单位
被解释变量	*marout*	资本空间配置效率	根据柯布道格拉斯生产函数测算得出	%
考察变量	*fcompe*	地方政府财政支出竞争	区域公共财政支出/GDP	%
	tcompe	地方政府税收竞争	区域税收收入/GDP	%
	cflow	资本流动	区域资本流动/GDP	亿元
控制变量	*capstoc*	资本存量	参考张军等（2004）的研究测算得出，并取对数值	亿元
	marpote	市场潜能	参考Harris（1954）的研究测算得出，并取对数值	亿元/公里
	hucap	人力资本	每万人在校大学生数，并取对数值	人/万人
	tech	技术水平	每万人科技从业人员数，并取对数值	人/万人
	market	市场化程度	1－国有企业从业人员/在岗职工年均人数	%
	marope	市场开放度	进出口总额/GDP	%
	indus	产业高级化程度	非农就业人口/就业总人口	%
	infras	市场可达性	区域公路里程/区域面积	千米/平方公里
	findea	金融深化程度	年末金融机构存贷款余额/GDP	%
虚拟变量	*dummy*	区域虚拟变量	省会城市、副省级城市、经济特区、沿海开放区取值为1，其余则为0	0/1

同时，我们给出了各变量的简要描述性统计特征，具体如表6－4所示。

表6－4　关于研究变量的统计性描述

变量	样本数	均值	标准差	最小值	最大值
marout	3738	0.3724	0.1595	0.0562	1.6300
lmarout	3471	0.3935	0.1636	0.0998	1.6184
fcompe	3738	0.1245	0.0573	0.0272	0.4598
tcompe	3738	0.0642	0.0266	0.0153	0.3757
cflow	3738	0.0495	0.2923	－1.4087	0.9848

续表

变量	样本数	均值	标准差	最小值	最大值
fcompe × *cflow*	3738	-0.0027	0.0464	-0.5090	0.1149
tcompe × *cflow*	3738	-0.0001	0.0201	-0.1606	0.1331
capstoc	3738	6.7943	1.1831	2.5611	10.3431
marpote	3738	6.0899	0.7408	3.5661	9.8556
hucap	3738	4.1055	1.2556	0.0513	7.1471
tech	3738	3.3052	0.9274	0.0316	6.1662
market	3738	0.4098	0.1678	0.0511	0.8825
marope	3738	0.2189	0.4419	0.0003	5.4419
indus	3738	0.6069	0.1597	0.1030	0.9962
infras	3738	0.7689	0.4843	0.0268	4.1736
findea	3738	1.9531	0.9266	0.5410	7.1569

对模型变量的统计性描述基本排除了异常值的存在，这说明指标设定、数据筛选和清洗不存在突出问题。但是相关变量的统计性描述仅仅给出了样本指标的大致数字特征，并不能确定我们要考察的主要变量之间的相关关系。因此，为弥补这一不足，我们给出了资本的空间配置效率和地方政府竞争（以平均财政支出水平和平均税收负担表示）之间的可视化散点图（见图6-2、图6-3）。从散点图的分布和拟合曲线可以清晰地看出，资本的空间配置效率与地方政府财政支出负担和地方政府税收收入负担都呈现出明显的负相关关系。

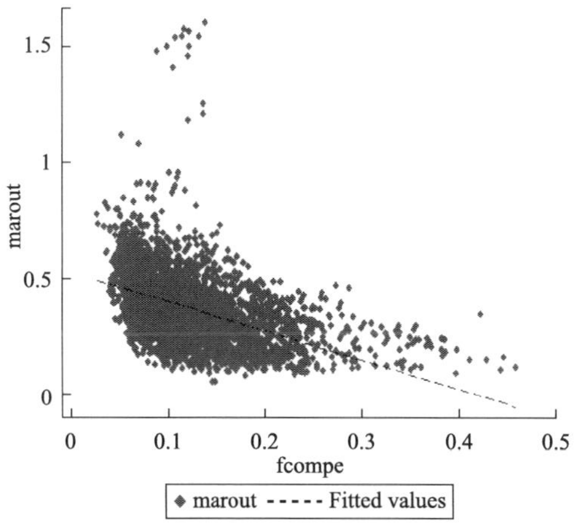

图6-2　资本空间配置效率与区域财政支出负担散点图

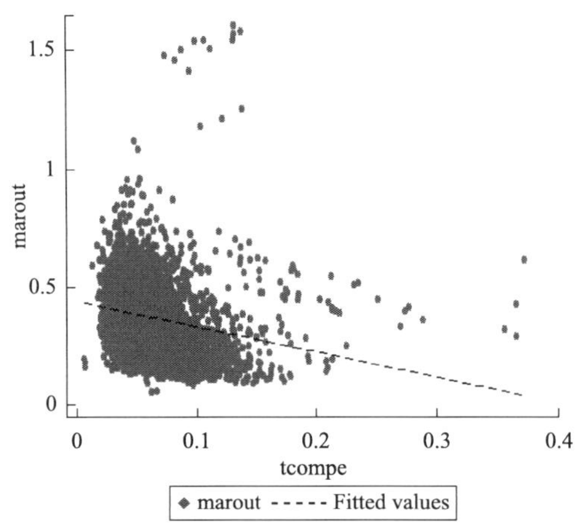

图6-3　资本空间配置效率与区域税收负担散点图

第四节　估计方法与实证研究发现

一、估计方法

空间计量估计方法实质上是对经典计量经济学在空间维度约束上的拓展，它解决了空间溢出效应的度量问题（Anselin，1988）。对空间动态面板模型的估计主要有两种思路：一种是剔除空间相关性，然后使用经典的动态面板估计方法进行估计；另一种则是在引入空间权重矩阵条件下，对传统估计方法进行改良，这也是现代空间经济研究的主流范式。基于改良的空间经济研究范式，学者们提出了空间广义矩估计（spregdpd）和空间极大似然估计（xsmle）对空间动态面板模型进行参数估计。在大多数情形下，空间广义矩估计和空间极大似然估计一样，也具有渐进性质。但是，Hsiao 等（2002）的研究证明，随着样本容量的增大，空间极大似然估计参数与真实回归参数之间具有更好的拟合性质。因此，本章将选用偏误纠正的 MLE 方法进行参数估计，该方法由 Lee 和 Yu（2010、2014）在空间极大似然估计方法的基础上进行拓展，旨在纠正由于回归变量内生性引起的参数估计偏误。值得注意的是，在动态空间面板模型的估计中，随机效应模型是被禁止的，因此本章空间计量模型的估计均是建立在固定效应模型的基础上。此外，为防止多重共线性问题，我们对相关变量作了偏自相关性检验，发现所有变量之间的相关系数均小于0.5，且方差膨胀因子（VIF）值为3.00，远远小于通常意义认定的临界值10.00，因此，我们认为变量之间不存在严重的多重共线性问题。

二、研究结果发现与探析

以模型（6－3）作为本章实证研究的标准计量经济模型，表6－5给出了以资本流动为调节变量，地方政府税收竞争和地方政府财政支出竞争双重范式下的回归估计结果。其中第（1）、（2）、（3）列分别是地方政府税收竞争范式下，基于一阶邻接距离权重矩阵、直线距离权重矩阵、经济距离权重矩阵的模型回归估计结果；第（4）、（5）、（6）列分别是地方政府财政支出竞争范式下，基于一阶邻接距离权重矩阵、直线距离权重矩阵、经济距离权重矩阵的模型回归估计结果。

首先，无论是在税收竞争范式下还是在财政支出竞争范式下，资本空间配置效率的滞后项 *L*·*marout* 的回归系数均大于0.7，且都呈现出高度的显著性，这说明资本的空间配置效率具有一定的渐进性，呈现出自身的循环累积作用机制；从资本空间配置效率的空间权重项 *W*·*marout* 的回归系数可以看出，一阶临界权重矩阵和直线距离权重矩阵下，资本空间配置效率回归系数显著为正。这表明，在地方政府双重竞争范式下，区域资本配置效率呈现出一定的空间集聚和空间相关性，即区域资本配置效率空间上的“高—高”和“低—低”集聚。但是这一推断在经济距离权重矩阵回归结果下并不显著，这是由我国区域经济发展的多中心特征决定的。在多中心区域经济发展特征下，每个经济中心的经济阈是伴随着空间距离而衰减的。

其次，我们对本章的核心解释变量地方政府税收竞争指标、地方政府财政支出竞争指标、资本流动及其交叉项指标的回归系数进行分析。在地方政府财政支出竞争和税收竞争范式下，空间配置效率对资本流动的回归系数均为正值，且高度显著，这说明资本流动切实有益于资本配置效率的提升。资本配置效率对地方政府税收竞争指标和财政支出竞争指标的回归系数均为负值，但是我们并不能直观地认为二者皆降低了区域资本的空间配置效率。因为在我们的指标构建中，地方政府税收竞争指标是一个逆向指标，而地方政府财政支出竞争则是一个正向性指标，即：区域平均税率越低，则区域税收竞争越为严重。区域平均财政支出占比越高，则财政支出竞争越为严重。因此，对于地方政府税收竞争指标和财政支出竞争指标的回归系数皆为负值，我们可以解读为地方政府税收竞争提升了资本的空间配置效率，而地方政府财政支出竞争则降低了资本的空间配置效率。

最后，对于一些控制变量如人力资本水平，其回归系数显著为正，这说明在市级层面上，人力资本水平的提升有利于区域资本配置效率的改善。但是，技术水平、市场化程度、市场开放度和产业结构高级化程度等控制变量，虽然其回归系数也为正值，但是并不显著。这是因为伴随着我国区域经济一体化进程的加快，区域间的信息和技术传播越来越快，区域资本边际回报越来越趋于均衡。而且在我国经济发展的后工业化阶段，东部地区的产能过剩客观上拉低了产业结构高级化指标对资本配置效率的推动作用。

控制变量中，资本存量的回归系数为负值，这与资本边际报酬递减规律的理论预期一致。但是值得注意的是，市场潜能、市场可达性、金融深化度三个控制变量的回归系数为负值。对于市场潜能，根据其计算指标我们可以知道，市场潜能最大的地方往往位于多个增长极的交界地带，而非增长极中心区域，这就是经济增长中的“灯下黑”现象。而市场可达性指标，我们则是以区域单位面积的公路里程来构建，在“要想富、先修路”这一理念的引导下，中西部地区的基础设施投资数年来保持了高速增长的态势，而东部地区则面临着基础设施老化和机器设备更新换代不足等问题，所以就存在着我国区域经济发展进程中的基础设施投资和金融资源的空间错配现象。

表 6－5　　基于市级层面样本数据的空间动态面板模型的估计结果

Methods / Variables	税收竞争			财政支出竞争		
	(1)	(2)	(3)	(4)	(5)	(6)
L·marout	0.7325*** (25.89)	0.7325*** (25.43)	0.7331*** (25.66)	0.7185*** (24.29)	0.7183*** (23.85)	0.7774*** (24.06)
W·marout	0.0107* (1.47)	0.2141** (1.96)	0.0109 (0.38)	0.0166* (1.62)	0.2116** (2.01)	0.0128 (0.43)
fcompe				−0.0518* (−1.71)	−0.0494* (−1.77)	−0.0483 (−1.52)

续表

Methods / Variables	税收竞争			财政支出竞争		
	(1)	(2)	(3)	(4)	(5)	(6)
tcompe	-0.0712 * (-1.69)	-0.0704 * (-1.70)	-0.0714 * (-1.89)			
cflow	0.0767 *** (7.87)	0.0768 *** (7.96)	0.0774 *** (7.88)	0.0976 *** (9.48)	0.0977 *** (9.65)	0.0981 *** (9.43)
fcompe × *cflow*				-0.3026 *** (-5.38)	-0.2980 *** (-5.44)	-0.2981 *** (-5.39)
tcompe × *cflow*	-0.4057 *** (-3.78)	-0.3995 *** (-3.82)	-0.4053 *** (-3.83)			
capstoc	-0.0178 *** (-2.92)	-0.0168 *** (-2.78)	-0.0168 *** (-2.74)	-0.0192 *** (-3.04)	-0.0183 *** (-2.95)	-0.0182 (-2.86)
marpote	-0.0045 * (-1.85)	-0.0043 * (-1.81)	-0.0046 * (-1.87)	-0.0031 (-1.19)	-0.0030 (-1.12)	-0.0032 (-1.10)
hucap	0.0054 ** (2.48)	0.0053 ** (2.45)	0.0054 ** (2.50)	0.0049 ** (2.31)	0.0048 ** (2.25)	0.0048 ** (2.27)
tech	0.0036 (1.22)	0.0038 (1.32)	0.0034 (1.17)	0.0019 (0.64)	0.0022 (0.77)	0.0035 (1.22)
market	0.0085 (1.15)	0.0096 (1.29)	0.0089 (1.20)	0.0147 ** (1.97)	0.0165 ** (2.02)	0.0160 ** (2.11)
marope	0.0015 (0.42)	0.0013 (0.39)	0.0013 (0.40)	0.0006 (0.16)	0.0005 (0.13)	0.0005 (0.14)
indus	0.0080 (0.75)	0.0088 (0.83)	0.0068 (0.63)	0.0169 (1.54)	0.0164 (1.49)	0.0142 (1.28)
infras	-0.0018 (-0.52)	-0.0013 (-0.37)	-0.0019 (-0.56)	-0.0015 (-0.45)	-0.0013 (-0.38)	-0.0014 (-0.42)
findea	-0.0043 (-1.43)	-0.0040 (-1.37)	-0.0039 (-1.30)	-0.0028 (-0.99)	-0.0025 (-0.88)	-0.0024 (-0.86)
W × *fcompe*				-0.0506 (-0.92)	0.3064 (0.89)	0.0834 (1.09)
W × *tcompe*	0.0315 (1.48)	0.2712 * (1.79)	-0.0421 (-1.45)			
W × *flow*	-0.0137 (-1.59)	-0.0118 (-0.24)	0.0087 (0.90)	-0.0196 ** (-2.10)	-0.0031 (-0.06)	0.0135 (1.23)
sigma2_e	0.0005 *** (8.17)	0.0005 *** (8.12)	0.0005 *** (8.15)	0.0005 *** (8.22)	0.0005 *** (8.13)	0.0005 *** (8.21)
Log-likelihood	7665.2677	5751.3267	7597.8941	7705.0441	5396.7047	7696.7572
R^2	0.9349	0.9386	0.9298	0.9294	0.9392	0.9278

注：***、**、*分别代表1%、5%和10%的显著性，系数下面括号是相应的Z统计量。

三、稳健性检验

（一）基于省级层面数据的样本分析

基于以上市级层面的经验证据表明，我国区域间税收竞争有利于提升区域资本配置效率，而地方政府间财政支出竞争则不利于区域资本配置效率的改善。这一论断与直观感觉和已有研究文献有一定的出入，如王珏和骆力前（2015）等以信贷资本为例的研究表明，从价格角度层面，地方政府干预和竞争行为是损害了信贷资金的配置效率的。余壮雄和杨杨（2014）的研究结果更是直接表明，在地方政府竞争态势下，反映市场力量的外商资本会促使资本流动选择“西进”，而反映政治力量的财政投资则会促使资本流动“东扩”。因此对于本章市级层面样本实证分析的普遍性我们同样存在疑虑。为此，基于省级层面样本数据，我们对上述实证分析结论的可靠性进行稳健性检验，其回归模型与回归方法与上述类似，稳健性检验结果如表 6 - 6 所示。

从回归结果中我们可以看出，在地方政府双重竞争范式下，资本空间配置效率的滞后项和权重项依然高度显著。在地方政府税收竞争范式下，税收竞争和资本流动及其交叉项的回归系数依然高度显著，且回归系数值有所扩大，说明从更宏观的层次来看，我国省级区域间的税收竞争更为显著；在地方政府财政支出竞争范式下，财政支出竞争和资本流动及其交叉项的回归系数显著性较弱甚至不显著，且财政支出竞争指标的回归系数较表 6 - 4 有所缩小，这说明省级层面上的财政支出竞争虽然依然是损害了区域资本配置效率的提升，但是其负面作用显然已被某种外生力量所减弱，我们猜测这是由于公共财政支出的空间外溢性及由其引致的市场整合力量引起的。

同时，区别于表 6 - 5，在表 6 - 6 中，财政支出和金融资本的空间错配效应进一步显现，因为 *infras* 和 *findea* 两项指标明显显著。省级层面上，产业结构的高级化程度指标 *indus* 也较市级样本回归更为显著。

表 6－6　基于省级层面样本数据的空间动态面板模型的估计结果

Methods / Variables	税收竞争			财政支出竞争		
	(1)	(2)	(3)	(4)	(5)	(6)
L · marout	0. 7152 *** (22. 68)	0. 7652 *** (25. 85)	0. 7534 *** (24. 60)	0. 7585 *** (24. 88)	0. 7964 *** (27. 10)	0. 7883 *** (28. 77)
W · marout	0. 6483 *** (2. 95)	0. 4227 *** (4. 02)	0. 0280 (0. 47)	0. 5767 *** (2. 60)	0. 2613 *** (2. 90)	0. 0262 (0. 50)
fcompe				－0. 0074 * (－1. 55)	－0. 0061 * (－1. 66)	－0. 0106 (－0. 77)
tcompe	－0. 1646 ** (－2. 07)	－0. 1779 ** (－2. 61)	－0. 1502 ** (－2. 09)			
cflow	0. 1197 *** (4. 17)	0. 1114 *** (3. 72)	0. 1191 *** (3. 94)	0. 0134 (0. 88)	0. 0059 * (1. 40)	0. 0115 (0. 64)
fcompe × *cflow*				－0. 0813 * (－1. 67)	－0. 0867 * (－1. 71)	－0. 0700 (－1. 30)
tcompe × *cflow*	－0. 8391 *** (－3. 93)	－0. 8887 *** (－3. 54)	－0. 8684 *** (－3. 41)			
capstoc	－0. 0363 *** (－5. 13)	－0. 0339 *** (－4. 93)	－0. 0346 *** (－4. 65)	－0. 0353 *** (－4. 83)	－0. 0326 *** (－4. 66)	－0. 0348 *** (－4. 56)
marpote	－0. 0004 (－0. 31)	－0. 0007 (－0. 58)	－0. 0007 (－0. 50)	0. 0003 (0. 20)	－0. 0007 (－0. 60)	－0. 0003 (－0. 19)
hucap	0. 0073 (0. 32)	0. 0079 (0. 36)	0. 0013 (0. 06)	0. 0329 (0. 78)	0. 0356 (0. 99)	0. 0369 (1. 22)
tech	0. 0009 (0. 65)	0. 0007 (0. 61)	0. 0001 (0. 04)	0. 0001 (0. 06)	0. 0004 (0. 34)	0. 0008 (0. 75)
market	0. 0332 (1. 17)	0. 0519 * (1. 86)	0. 0513 * (1. 90)	0. 0441 (1. 35)	0. 0613 * (1. 99)	0. 0609 * (1. 97)
marope	0. 0008 (0. 10)	0. 0026 (0. 27)	0. 0021 (0. 21)	0. 0018 (0. 21)	0. 0004 (0. 04)	0. 0024 (0. 25)
indus	0. 0743 *** (2. 02)	0. 0581 * (1. 62)	0. 0509 (1. 45)	0. 0804 ** (2. 14)	0. 0710 * (1. 90)	0. 0615 * (0. 82)
infras	－0. 0223 * (－1. 74)	－0. 0226 *** (－4. 63)	－0. 0196 *** (－3. 93)	－0. 0272 *** (－5. 76)	－0. 0277 *** (－5. 85)	－0. 0258 (－5. 95)
findea	－0. 0088 * (－1. 74)	－0. 0107 ** (－2. 11)	－0. 0095 * (－1. 73)	－0. 0081 ** (－2. 00)	－0. 0093 ** (－2. 25)	－0. 0087 (－2. 20)
W × *fcompe*				－0. 0979 (－1. 24)	0. 0915 (1. 07)	0. 0128 (0. 58)
W × *tcompe*	0. 1104 (0. 18)	0. 4442 (0. 48)	－0. 0660 (－0. 58)			

续表

Methods / Variables	税收竞争			财政支出竞争		
	(1)	(2)	(3)	(4)	(5)	(6)
W×flow	0. 1208 (0. 79)	-0. 1558 ** (-2. 03)	-0. 0326 (-1. 14)	0. 0112 (0. 82)	-0. 0763 (-0. 89)	-0. 0233 (-0. 77)
sigma2_e	0. 0001 *** (7. 22)	0. 0001 *** (6. 82)	0. 0001 *** (6. 94)	0. 0001 *** (7. 12)	0. 0001 *** (6. 86)	0. 0001 *** (6. 89)
Log-likelihood	150. 3622	113. 1060	999. 4224	360. 2675	316. 3230	1002. 0874
R^2	0. 9250	0. 7867	0. 8910	0. 6832	0. 7107	0. 7049

注：***、**、*分别代表1%、5%和10%的显著性，系数下面括号是相应的Z统计量。

（二）更换解释变量指标数据的经验分析

地方政府竞争是以辖区利益导向为特征的一个动态过程，涉及政治、经济、文化软环境等多维层次的竞争，而在我国“财政联邦主义”行为特征下，地方政府竞争着重表现为税收竞争和财政支出层面。地方政府竞争具有空间互动特征，因此关于地方政府竞争指标的设定应该具有区域可比性。与陈博和倪志良（2016）相同，参考区位熵对空间集聚的识别模式，我们以（地方政府税收收入占全国税收收入的比重）/（地方GDP占全国GDP的比重）、（地方政府财政支出占全国财政支出的比重）/（地方GDP占全国GDP的比重）分别表示地方政府税收竞争和地方政府财政支出竞争，并进而考察上述结果的稳健性，回归结果如表6-7所示。

表6-7　更换解释变量指标数据的空间动态面板模型的估计结果

Methods / Variables	税收竞争			财政支出竞争		
	(1)	(2)	(3)	(4)	(5)	(6)
L·marout	0. 6258 *** (23. 04)	0. 6222 *** (22. 69)	0. 6255 *** (23. 27)	0. 6078 *** (23. 76)	0. 6112 *** (23. 87)	0. 6099 *** (23. 85)
W·marout	0. 0169 * (1. 80)	0. 1123 ** (2. 02)	0. 0153 (0. 49)	0. 2155 ** (1. 89)	0. 2037 *** (2. 81)	0. 0196 (0. 41)
fcompe				-0. 1865 *** (-4. 56)	-0. 1979 *** (-4. 74)	-0. 1915 *** (-4. 58)
tcompe	-0. 1255 * (-1. 62)	-0. 1234 * (-1. 55)	-0. 1244 (-0. 79)			
cflow	0. 1079 *** (4. 48)	0. 1080 *** (4. 55)	0. 1095 *** (4. 54)	0. 1613 *** (6. 22)	0. 1630 *** (6. 52)	0. 1628 *** (6. 26)

续表

Methods / Variables	税收竞争			财政支出竞争		
	(1)	(2)	(3)	(4)	(5)	(6)
fcompe × cflow				−0.6797*** (−5.81)	−0.6613*** (−5.75)	−0.6655*** (−5.71)
tcompe × cflow	−0.8012*** (−3.60)	−0.7748*** (−3.58)	−0.7860*** (−3.60)			
capstoc	−0.1489*** (−10.96)	−0.1467*** (−10.77)	−0.1463*** (−10.81)	−0.1461*** (−10.27)	−0.1440*** (−10.14)	−0.1433*** (−10.11)
marpote	−0.0179*** (−3.80)	−0.0173*** (−3.71)	−0.0179*** (−3.80)	−0.0142** (−2.25)	−0.0137** (−2.20)	−0.0162** (−2.12)
hucap	0.0220*** (4.92)	0.0219*** (4.64)	0.0221*** (4.91)	0.0199*** (4.82)	0.0193 (4.34)	0.0199 (4.76)
tech	0.0155*** (2.69)	0.0159*** (2.74)	0.0153*** (2.66)	0.0116** (2.01)	0.0122** (2.11)	0.0113** (1.98)
market	0.0366** (1.99)	0.0352* (1.90)	0.0353* (1.90)	0.0207 (1.18)	0.0198 (1.11)	0.0193 (1.08)
marope	0.0157 (1.64)	0.0156 (1.64)	0.0159* (1.67)	0.0165 (1.53)	0.0164 (1.54)	0.0166 (1.56)
indus	0.0298 (1.03)	0.0332 (1.12)	0.0361 (1.21)	0.0152 (0.55)	0.0186 (0.65)	0.0219 (0.76)
infras	−0.0105 (−1.07)	−0.0092 (−0.93)	−0.0097 (−0.98)	−0.0087 (−0.91)	−0.0075 (−0.78)	−0.0072 (−0.74)
findea	−0.0266*** (−4.64)	−0.0266*** (−4.67)	−0.0261*** (−4.59)	−0.02271*** (−4.20)	−0.0229*** (−4.25)	−0.0227*** (−4.20)
W × fcompe				0.0680 (0.46)	0.3952 (0.51)	0.1920 (1.21)
W × tcompe	0.0392 (0.63)	0.2303 (0.60)	−0.0771 (−1.17)			
W × flow	−0.0342* (−1.77)	0.0292 (0.24)	0.0066 (0.28)	−0.0322 (−1.49)	0.0290 (0.27)	0.0181 (0.70)
sigma2_e	0.0016*** (9.63)	0.0016*** (9.51)	0.0015*** (9.57)	0.0015*** (9.53)	0.0015*** (9.44)	0.0015*** (9.59)
Log-likelihood	6336.2626	6332.0746	6333.5398	6395.4618	6389.4960	6392.5283
R^2	0.8609	0.8709	0.8576	0.8689	0.8792	0.8683

注：***、**、*分别代表1%、5%和10%的显著性，系数下面括号是相应的Z统计量。

从上述基于更换解释变量指标数据的回归估计结果中可以看出，财政支出竞争和税收竞争的回归系数均为负值，且都呈现出明显的显著性。但是由于税收竞争是逆向指标，所以我们认为财政支出竞争并未提升资本的空间配置效率，而税收竞争则是有利于资本配置效率的提升的。同时，资本流动显著促进了资本配置效率的提升。其余解释变量大致呈现出与原回归分析结果一致的特征，说明回归分析结果表现出一定的稳健性。

第五节　进一步讨论：税收竞争的企业内化效应与财政支出的空间错配

区域经济是块状经济和非连续经济，按照经济发展的程度和对要素资源吸引力的强弱分为核心地区和外围地区，经济的两极分化和资源要素的单向流动不利于经济系统的可持续发展，以地方政府竞争强化经济落后地区对资本的吸引力显然有利于打破其积累贫困的机制。然而，在我们的实证分析中，我们发现地方政府税收竞争和地方政府财政支出竞争的作用效力并不相同，即地方政府税收竞争改善了资本的配置效率，而地方政府财政支出竞争则不利于资本配置效率的提高。我们认为，税收竞争的企业内化效应和财政支出的空间错配效应是上述问题的直接原因。其基本逻辑为：

首先，税收竞争是地方政府直接对区域内工业企业直接以税收减免、税收返还、信贷担保、优先供给土地资源等方式进行的，受惠工业企业是直接的利益所得者，即使在市场规模不足以支撑企业盈利的情况下，地方政府这种直接的经济补偿和税收减免也能够给予企业更大的生存空间。一直以来，学者们总是会强调“税收中性”概念，但是现实世界中的空间异质性使得政府税收中性和税收均等化概念不足以实施。而且我们知道，伴随着区域经济发展进程中的“核心—外围”概念的扩展，虽然具有更高的税收负担，但是核心区域的经济集聚所带来的“集聚租金”优势依然使核心区域企业具有更好的企业营利能力。在缺乏市场潜能和集聚优势的前提下，外围地区企业竞争能力的保持必然依靠潜在的外部优势，如地方政府的税收优惠和财政补贴、资源要素的市场邻近性等。

其次，不同于地方政府税收竞争的手段和方式（主要包括税收优惠、税收减免和税收返还等），地方政府财政支出竞争更多的是通过财政支出规模和支出结构的倾斜来显现。由于我国地方政府普遍存在着“预算软约束”① 现象，因此由财政收不抵支而产生的地方政府债务具有一定的延展性，方红生和张军（2009）认为作为分权式治理和预算软约束综合作用的结果，扩张性的财政支出结构偏向在经济衰退期能够有效刺激经济复苏。预算软约束解决了中西部地区经济发展中的资金不足难题，但是作为经济发展中的理性主体，预算软约束也造成了资金稀缺地区的财政自利行为。即资金匮乏的中西部地区会过度汲取这种信用背书，因而有可能形成地方政府债务违约风险。

与预算软约束相对应的另一种地方政府财政汲取的自利行为即为中央政府的转移支付，为平衡区域经济发展差距，支持民生财政体制改革，我国中央政府在每个财政年度会对地方政府给予财力性转移支付和专项转移支付。值得注意的是，中央财政对中、西部地区的财政转移支付占据了我国财政转移支付的绝对比重（沈坤荣和付文林，2012；李永友，2015）。

无论是财政转移支付还是预算软约束，中西部地区都是直接的最大经济受益者。同时，我们注意到，预算软约束的典型案例即为“铁、公、基”等大型基础设施投资项目，而专项转移支付也往往是针对有关民生的基础设施建设和具有长远经济效益的特大项目的财政支持活动。但是，其中存在的一个问题是，由于西部的经济活动密度远远低于中东部，耗费巨量的财政资金兴建的基础设施有可能得不到充分的利用，甚至有可能废弃。而东部地区则因为缺乏进一步的财政资金支持，抑制了技术和机器设备的更新换代。

第六节　本章小结

基于政治晋升激励和优化辖区政府治理目标，以吸引流动资本注入的地方政府竞争成为当前我国经济增长进程中的典型事实。以资本流动为中介因子，以我

---

① 预算软约束是指当地方政府产生财政收不抵支的现象时，上级政府部门会通过转移支付或者信用背书而进行的债务兜底行为。

国地级层面数据为样本，本章实证分析了地方政府税收竞争和地方政府财政支出竞争对我国区域资本配置效率的影响。本章的主要结论基本可以概括为：由于税收竞争的内化效应，我国地方政府税收竞争有利于辖区资本配置效率的提升，但是由于我国的财政转移支付制度和预算软约束等原因，基于财政支出的地方政府竞争范式却导致了财政资源的空间错配现象，地方政府支出竞争并没有促进我国区域资本空间配置效率的同步提升，这与标准税收竞争理论所得出的辖区政府竞争将导致资本配置的无效均衡结论有所不同；从我国资本流动的空间可视化地图中可以发现，我国区域间资本流动确实存在着“卢卡斯悖论”现象，即东部地区是资本流向的主要目的地，而中西部地区是主要的资本输出地。而且，围绕着重要核心节点城市，我国区域资本流入呈现出“多中心”分布格局；对资本空间配置效率的核密度分析显示，我国区域资本空间配置效率依然具有较大差异，但是具有潜在的“俱乐部收敛”特征。

本章的政策含义具有以下几点内容：

第一，我国的政治制度和区域经济发展具有紧密联系的特征，在政治集权和经济分权条件下，地方政府或者企业寻求政治关联、税收竞争和中央财政转移支付具有必然性。因此，我们应该理性审视、区别对待，承认地方政府竞争的合理性，防范由地方政府竞争引致的潜在风险。在良好的制度约束下，地方政府税收竞争同样会优化资本的空间配置，促进区域经济的协调发展。

第二，通过本章的实证分析我们认识到，地方政府税收竞争和地方政府财政支出竞争对区域资本空间配置效率具有不同的作用效力，其中地方政府税收竞争有利于区域资本配置效率的提升，而财政支出竞争则与区域资本配置效率负相关。同时，我们也认识到，企业能够从地方政府税收竞争中获得直接的收益或者利益补偿，而财政支出竞争虽然从表面上看降低了企业的外在成本，但是却因为企业集聚不足而难以补偿财政支出成本。这也引发我们对我国的预算软约束和转移支付制度的思考。

第三，从经济学角度来看，资本最为稀缺的地区应当是资本配置效率最高或者说能够给资本带来最大利润回报的地区，而不是资本最为稀少的地区。如刘瑞明和赵仁杰（2015）的研究就表明，虽然中央财政对我国“西部大开发”给予了巨大的财政资金支持，但是却并未能够有效地推动西部地区快速的经济增长。

据此，他们认为我国西部大开发存在着“政策陷阱”。如果从更宏观的政治高度和战略角度来看，我们认为国家给予落后地区的政策倾斜和经济支持应该更具有方向性和针对性，并且能够有效地进行综合评估。这样才能真正有效的促进我国区域经济的协调发展。

第七章　地方政府竞争、资本流动与区域经济的空间均衡

第一节　引言

区域经济地理理论认为改革开放以来，中国经济地理的空间重塑是“第一自然”的再发现与“第二自然”的再创造（Krugman，1993；尹虹潘，2012）。在我国区域经济的演进历程中，东部地区凭借其区位条件与具有资源禀赋优势的中西部地区形成对垒博弈，并伴随着制度力量和技术势力的崛起，“后天因素”弱化了“先天因素”对区域经济发展的制约，形成了当前我国区域经济中的“胡焕庸线”[①] 现象，即我国区域经济发展中以东部地区为核心，中西部地区为外围的地理经济格局。资本要素作为经济增长的先导要素，是区域经济发展的核心。因此，在政府治理主导的社会主义市场经济模式下（琳达·岳，2015），地方政府对流动要素尤其是资本要素的争夺显得尤为激烈。

2015 年，中国国家城镇化率达到 56.10%[②]，而伴随着经济和人口的高度集聚，我国区域经济发展中的一个不可回避的现实问题即是区域经济的空间非均衡现象。2014 年，中国国家总理李克强在参访中国国家博物馆时提出了“总理之问”，即我们应该如何打破我国区域经济发展中的“胡焕庸线”规律，使得中西部地区更多的享受经济发展的成果，并进一步强调了统筹规划，促进区域经济协

---

① “胡焕庸线”即为“瑷珲—腾冲”线，主要根据我国区域经济发展中要素分布的非平衡地理格局提出，该线将我国整体区域划分为两个不同的自然和经济社会地理格局。以“胡焕庸线”为界，该线的东南方向集聚了我国人口分布和经济产出的绝对比重，而该线的西北方向人口和经济比重相对较小。

② 相关数据参见《2015 年中国国家统计公报》。

调发展的重要性。

在区域经济地理的分析范式中，传统的“阿罗—德布鲁”分析范式强调了“小团体主义”生产的均质特征和规模报酬不变性质，但是它忽视了经济生产活动的空间维度，因此被称为空洞的“后院资本主义”（何雄浪，2014）。打破规模收益不变的传统设定，将空间因子纳入具有“冰山交易成本”的垄断竞争模型是新经济地理学对主流经济学的关键补充和有益贡献。新经济地理学提出的一个核心命题即是为什么一些自然条件非优越的区域往往成为资本、劳动力追逐的核心区域，即区域间资本流动的“卢卡斯悖论”①。一些学者认为，改革开放以来的对东部沿海地区的政策倾向以及由进出口主导的贸易增长模式促进了我国区域资本要素向东部沿海地区的集聚，因此“卢卡斯悖论”在我国区域资本流动间是切实存在的（孙永平和余珮，2008；胡凯和吴清，2012；王定星，2015）。资本形成总额和资本存量是资本要素流动的直接结果，以我国2000年、2004年、2008年、2012年省级层面数据为样本，表7－1和表7－2分别给出了2000年、2004年、2008年和2014年我国省级区域资本形成总额和资本存量的排行。

表7－1中国省级资本形成总额的排行显示，样本年份内省级资本形成总额排行前10位的省级区域大致为山东、江苏、浙江、广东、辽宁、河南、四川、福建等省份，主要为东部沿海发达地区及个别中部经济大省，样本年份内省级资本形成总额排行后10位的省级区域大致为青海省、宁夏回族自治区、新疆维吾尔自治区、广西壮族自治区、贵州省、甘肃省等西部省份及海南省，在样本年份内中国省级资本形成总额排行的前10位和后10位保持了一定的黏性特征，且与我国“西高东低”的自然地理特征相异，我国省级区域资本形成总额总体表现为“东高西低”特征。

表7－1　　　　中国省级资本形成总额排行

2000年		2004年		2008年		2012年	
前10名	后10名	前10名	后10名	前10名	后10名	前10名	后10名
山东省	青海省	江苏省	青海省	江苏省	青海省	山东省	青海省
江苏省	宁夏回族自治区	山东省	海南省	山东省	海南省	江苏省	海南省

① Lucas, R.. Why Doesn’t Capital Flow from Rich to Poor Countries? [J]. American Economic Review, 1990 (80): 92－96.

续表

2000 年		2004 年		2008 年		2012 年	
前 10 名	后 10 名	前 10 名	后 10 名	前 10 名	后 10 名	前 10 名	后 10 名
广东省	海南省	广东省	宁夏回族自治区	广东省	宁夏回族自治区	广东省	宁夏回族自治区
浙江省	甘肃省	浙江省	甘肃省	河南省	贵州省	河南省	甘肃省
河北省	贵州省	河北省	贵州省	辽宁省	甘肃省	辽宁省	贵州省
河南省	新疆维吾尔自治区	河南省	广西壮族自治区	浙江省	新疆维吾尔自治区	浙江省	新疆维吾尔自治区
上海市	内蒙古自治区	上海市	吉林省	河北省	云南省	河北省	重庆市
湖北省	广西壮族自治区	辽宁省	新疆维吾尔自治区	四川省	江西省	内蒙古自治区	江西省
福建省	吉林省	福建省	云南省	上海市	黑龙江省	湖北省	北京市
北京市	重庆市	四川省	山西省	福建省	广西壮族自治区	四川省	上海市

表 7－2 中国省级资本存量的排行显示，样本年份内省级资本存量排行前 10 位的省级区域大致为广东省、江苏省、山东省、浙江省、辽宁省、河南省、四川省、福建省等区域，同样为东部沿海发达地区及河南省、四川省等个别中部经济大省，样本年份内省级资本存量排行后 10 位的省级区域大致为青海省、宁夏回族自治区、甘肃省、贵州省、新疆维吾尔自治区、广西壮族自治区等西部省份、黑龙江省和吉林省东北老工业基地省份以及海南省。同样，在样本年份内中国省级资本存量排行的前 10 位和后 10 位保持了一定的黏性特征，且与我国“西高东低”的自然地理特征相异，我国省级区域资本存量也总体表现为“东高西低”特征。

表 7－2　　　　中国省级资本存量排行

2000 年		2004 年		2008 年		2012 年	
前 10 名	后 10 名	前 10 名	后 10 名	前 10 名	后 10 名	前 10 名	后 10 名
广东省	宁夏回族自治区	广东省	青海省	山东省	青海省	山东省	青海省
江苏省	青海省	山东省	宁夏回族自治区	江苏省	海南省	江苏省	海南省
山东省	海南省	江苏省	海南省	广东省	宁夏回族自治区	广东省	宁夏回族自治区

续表

2000年		2004年		2008年		2012年	
前10名	后10名	前10名	后10名	前10名	后10名	前10名	后10名
浙江省	甘肃省	浙江省	甘肃省	浙江省	甘肃省	河南省	甘肃省
河北省	内蒙古自治区	河北省	贵州省	河南省	贵州省	辽宁省	贵州省
上海市	贵州省	上海市	天津市	河北省	新疆维吾尔自治区	河北省	新疆维吾尔自治区
四川省	天津市	四川省	内蒙古自治区	辽宁省	天津市	浙江省	云南省
湖北省	山西省	河南省	新疆维吾尔自治区	四川省	山西省	四川省	天津市
河南省	江西省	辽宁省	吉林省	上海市	广西壮族自治区	安徽省	北京市
辽宁省	重庆市	北京市	广西壮族自治区	湖北省	云南省	湖北省	山西省

破解我国区域经济“胡焕庸线”规律的着重点在于推动区域的均衡、协调发展，而引导资本要素的合理、有效流动是实现这一目标的核心要素。在我国区域经济增长历程中，以推动区域经济增长为导向的经济目标和政治晋升中的上级认可是1994年财政分权改革以来我国经济、政治二元框架内的显著特征，并且对区域经济发展的考核是官员政治晋升的着重考察点，因此，我国区域间政府竞争具有极强的经济历史成因。我们知道，资本是逐利而动的，伴随着我国社会主义市场经济体制的完善，地方政府对流动资本要素的竞争更多的是通过“政府让利”和转移支付来进行的，而非强制性的行政命令方式，这就保证了市场经济秩序运行的总体是健康平稳的。但是，需要注意的是，以“政府让利”和转移支付进行的地方政府竞争保证了地方政府行动的自主性和行动的公平性，即它不但允许欠发达地区政府进行竞争，发达区域地方政府也具有竞争的自主性。我们的问题是，在具有自主能动性的地方政府双重竞争范式下，以吸引资本要素为目标的地方政府竞争是否有效促进了我国区域经济的空间均衡？因为经典经济学理论告诉我们资本会从富裕地区流向资本匮乏地区，并最终实现资本要素收益的空间均等；而新经济地理理论认为伴随着全要素生产率的增进，经济发达地区良好的制度特征和集聚力也会强化对资本要素的吸引。

本章余下结构安排为：第二节为研究假设；第三节为模型设定与经验分析；

第四节为稳健性检验；第五节为本章小结。

第二节　研究假设

在提出本章的作用机制与研究假设之前，我们首先给出2000—2013年我国区域经济差距的动态演变，图7-1给出了2000—2013年我国区域经济差距的动态演变折线图，其中基尼系数来自中国国家统计局的公布数据①，泰尔指数和变异系数则是根据省级层面样本数据指标（省域GDP、省域人均GDP、常住居民人口数）计算求得。从样本年限内基尼系数折线图的变化动态可以看出，我国区域居民收入不均等在2000年之后基本呈现攀升态势，至2008年达到极值，之后有所回落。对泰尔指数和变异系数的计算也表明，我国区域经济差距存在着“先升后降”的态势。那么，是什么因素导致了我国区域经济差距的“先升后降”形态？地方政府竞争和资本流动对我国区域经济差距具有怎样的作用力？地方政府竞争对资本要素流向的调节是否能缩小区域间经济差距？这是本节研究的逻辑思路。

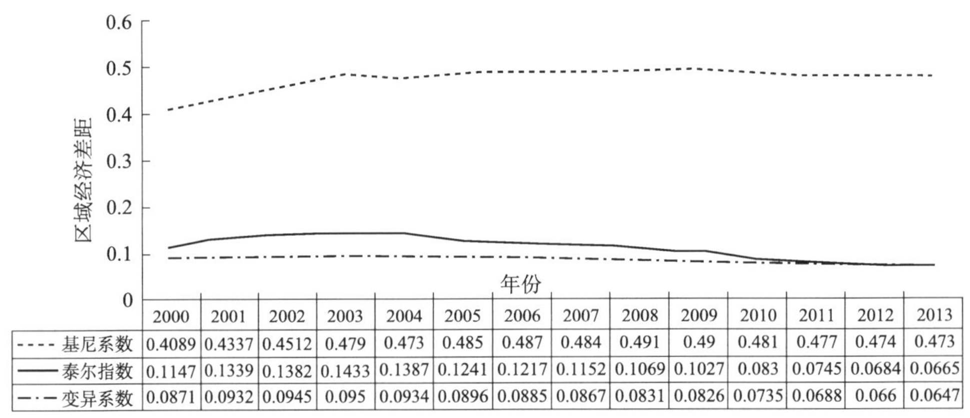

	2000	2001	2002	2003	2004	2005	2006	2007	2008	2009	2010	2011	2012	2013
---- 基尼系数	0.4089	0.4337	0.4512	0.479	0.473	0.485	0.487	0.484	0.491	0.49	0.481	0.477	0.474	0.473
—— 泰尔指数	0.1147	0.1339	0.1382	0.1433	0.1387	0.1241	0.1217	0.1152	0.1069	0.1027	0.083	0.0745	0.0684	0.0665
—·— 变异系数	0.0871	0.0932	0.0945	0.095	0.0934	0.0896	0.0885	0.0867	0.0831	0.0826	0.0735	0.0688	0.066	0.0647

图7-1　2000—2013年我国区域经济差距的动态演变

与欧美政治、经济范式不同，我国实行的是“双向负责”的政治、经济制度，政府既要对上级负责，又要对辖区居民负责。政治晋升上的上级认可和经济

① http：//www. stats. gov. cn/.

发展上的辖区居民认可是区域地方政府竞争治理的双重目标，而财政联邦主义给予了我国地方政府进行辖区竞争的必要手段和资源。

既有的研究普遍认为制度软约束和财政联邦主义下的地方政府竞争有效地释放了区域经济发展的潜能，刺激了中国区域经济的快速增长（张五常，2009；姚洋和张牧扬，2013）。需要明晰的是，地方政府竞争有可能会改变区域间的产业链条分工状况和利益分布格局，而且在“先天不足”劣势条件下，欠发达地区可能会率先发起辖区间政府竞争，并引致区域经济增长中的“诸侯经济”。从公共财政支出和税收收入两个维度考察地方政府竞争：一般而言，欠发达区域更加偏好于税收维度上的竞争，而经济发达区域则偏好于公共支出层面的地方政府竞争（沈坤荣和付文林，2006）。因为，相比较而言，欠发达区域缺乏雄厚的可支配财政资金对辖区公共基础设施进行优化和改善，或者是对辖区企业进行财政补贴，所以它会选择以预期税收收入减免的方式来对企业进行利益让渡，以刺激外来企业落户；从某种程度上而言，辖区税收收入竞争和公共支出竞争具有方向上的内在一致性，即都倾向于减少企业经营成本，但是不同于税收竞争，公共支出竞争具有明显的空间外溢性，更有益于提升辖区居民福利，其与我国经济发展中的“民生财政”理念转向不谋而合，因此，在当前阶段公共支出竞争往往成为区域互动和区域竞争中发达地区的常用策略。

基于全球治理的视角，Rixen（2011）认为政府间竞争加剧了发达区域和欠发达区域的经济不均衡，而 Lee 和 Choe（2012）发现地方政府竞争促进了经济要素的区域扩散，有利于区域经济增长均衡的实现；以分税制以来的中国省级层面数据为样本，李永友和丛树海（2005）的研究表明，单纯以税收竞争作为手段，其对落后地区区域人均 GDP 的提升作用相当有限。罗若愚和张龙鹏（2013）以中国经济发展中的产业转移为背景探讨了地方政府竞争对区域经济增长绩效的影响，他们的研究表明地方政府竞争不仅降低了区域经济发展绩效，而且导致了区域经济差异的持续扩大。但是，蒋善文（2010）的研究却表明我国地方政府间税收竞争显著有利于缩小地区经济发展差距。赵会玉（2010）基于分区域地方政府多维度竞争的研究表明东部地区财政支出竞争的经济增长效应大于中西部地区，西部地区税收竞争的经济增长效应较不明显。这说明关于地方政府竞争对区域经济空间均衡的影响尚且存在着观点截然不同的争论。

之所以会出现以上两种截然不同的结论，一方面是因为地方政府竞争是地方政府之间以及地方政府与企业和生产要素之间的多维互动作用，而非是单一的被动过程。在其他条件不变的情况下，我们并不能简单得出税收优惠和财政支出供给哪个对企业和生产要素的吸引力更强。另一方面，空间均衡的关键在于产业和要素的持续空间扩散，伴随着集聚带来的租金成本上升、拥挤和环境污染等负外部性，当外围区域地方政府抛出税收、土地等优惠政策的“橄榄枝”时，企业和生产要素会重新考量其区位选择。而且，根据新经济地理学的“核心—外围”思想，企业不可能无限集聚到极核区域，企业生产的空间转换是经济发展和企业生命周期的必然过程。事实上，地方政府竞争的实质无非是对经济要素资源的空间争夺和再分配。因此，我们提出本章分析的研究假设 1：地方政府竞争有利于促进区域经济的空间均衡。

关于资本流动对区域经济差距的影响也存在着两种观点相悖的分析：传统的经典贸易理论和凯恩斯主义经济理论认为，伴随着资本收益的边际递减，资本将由相对充裕的地区流向资本匮乏的地区，由此带来区域经济增长的空间趋同，但是卢卡斯（2016）指出，由于区域间人力资本差异以及资本市场的不完全性，资本并不一定会流向资金匮乏区域，新经济地理理论在规模经济和集聚经济等现代经济特征事实的基础上，更加强化了卢卡斯的推论和假定。郑长德和曹梓爔（2008）基于中国省际经济差异的实证研究表明，中国东部区域经济增长的空间 β 收敛系数与区域资本流动呈现出正相关关系，而中西部区域经济增长的空间 β 收敛系数与区域资本流动呈现出负相关关系。原因是我国区域资本流动确实存在着“卢卡斯悖论”，即东部区域是资本的净流入地区，而中西部地区是资本的净流出地区。基于对银行间信贷资本流动的考察分析，陈东和樊杰（2011）发现银行间的信贷资本流动在一定程度上是缩小而不是扩大了区域发展差距；以证券市场为例，倪鹏飞、刘伟和黄斯赫（2015）研究了证券市场资本的空间配置对区域经济协调发展的影响，研究表明证券市场资本的空间流动与区域人均收入差距呈现出“倒 U 形”关系；余壮雄和杨扬（2014）对中国国内资本流动方向的测算表明，反映市场力量的资本流动进入了中西部地区，而反映政治力量的资本流动则逐渐东扩。陆铭（2016）则更进一步指出我国区域间资本流动并不一定流向资金最为稀缺的地方，而是会流向资本边际收益最高的地方。由于我国区域间资本流动存在政治和市场的双重引导，且方向相反。因此，我们提出本章分析第二个研究假设命题：

研究假设 2a：资本流动有利于促进区域经济的空间均衡。

研究假设 2b：资本流动扩大了区域经济的空间非均衡性。

自 2000 年以来，我国宏观经济政策和区域发展战略的制定一直着眼于共享改革发展成果，努力推进区域经济的协调、稳定和可持续发展。在缺乏比较优势的前提下，中央政府在一定程度上默认了地方政府竞争的合理性，在 2015 年国务院公布的《国务院关于税收优惠政策相关事项的通知》一文中，中央政府明确提出了税收优惠的不溯及既往原则，各地区税收优惠政策的制定，非涉及中央税收和非税收入制定的，其他由地方政府自行把握设定。这等于是变相承认了地方政府在税收政策制定上的自由裁量权。税收竞争对资本引入具有显著的影响（李文和胡菲菲，2013；胡志勇和周俊琪等，2015），从我国现阶段各地竞相勃发的产业工业园区的建立可见一斑。而且，我国地方政府竞争与我国现阶段的产业生命周期表现出耦合性。因此，我们提出本章分析的研究假设 3：地方政府竞争对资本流动的调节效应有利于促进中国区域经济的空间均衡。

第三节　模型设定与经验分析

为了考察以上理论假设，我们基于中国地市级层面数据验证地方政府竞争、资本流动及其交互作用对于中国区域经济空间均衡的影响。

一、计量经济模型设定

本章主要研究地方政府竞争、资本流动及其空间交互对中国区域经济空间均衡的影响，但是由于地方政府竞争存在着内生策略模仿、资本流动也存在着一定的时滞性，所以由地方政府竞争和资本流动而引致的中国区域经济的空间均衡具有渐进性。因此，我们在模型中引入被解释变量的滞后一期以反映我国区域经济演进的这种动态特征。Jayaraman 和 Milbourn（2012）、陈强（2014）认为引入被解释变量的滞后一期有利于解决模型的内生性问题。根据以上分析与假设，本章设立的回归模型如公式（7－1）所示：

$$Devi_{i,t} = \gamma_0 + \delta Devi_{i,t-1} + \gamma_1 compe_{i,t} + \gamma_2 cflow_{i,t} + \gamma_3 compe_{i,t} \times cflow_{i,t} + \sum X_{i,t} + \varepsilon_{i,t} \quad (7-1)$$

其中，$Devi_{i,t}$代表区域经济的空间均衡程度，$Devi_{i,t-1}$为其滞后一期。$compe_{i,t}$代表区域间政府竞争，在本章中我们从地方政府税收竞争和地方政府公共财政支出竞争两个维度考察其对区域经济空间均衡的影响。$cflow_{i,t}$代表区域间资本流动，$X_{i,t}$代表影响我国区域经济空间均衡的其他控制变量，$\varepsilon_{i,t}$表示模型的随机扰动项。

GMM 估计是动态面板模型常用的估计方法，其可分为差分 GMM 和系统 GMM，相对于一步 GMM 估计，二步 GMM 估计更为稳健。因此，本章选择二步 GMM 估计方法，且为了对比分析，我们同时给出了二步差分 GMM 和二步系统 GMM 的估计结果。

二、样本选择与指标说明

本章选用中国市级层面样本数据，鉴于数据的可获得性和完整性，本章样本选择排除了港、澳、台区域及部分内陆省市区域。最终样本选定为 267 个市级层面样本数据，样本选择年限为 2000—2013 年。本章所用数据来源于《中国区域经济统计年鉴》《中国经济与社会发展统计数据库》以及上海财经大学 EPS、CSMAR 和国研网等统计数据库。所有数据均经过以 2000 年 CPI 价格指数为基期的标准化处理，以使其具有可比性。对于样本缺失数据，我们采用移动平均值进行弥补填充。

关于空间均衡有两种不同的理论解读：一种解读是要素分布或者产业分布上的地理均衡，另一种解读是居民经济要素占有量的均衡。两种解读具有逻辑上的内在统一性，因为在均质空间内，产业和要素的空间均衡会促进区域居民收入水平的空间趋同。陆铭（2016）在其《大国大城》一书中也主张通过空间集聚来提升人口稀疏区域居民的物质资本占有量，以促进区域经济的空间均衡。因此，同倪鹏飞和刘伟等（2014）、陈长石和刘晨晖（2015）等类似，本文选用区域居民人均收入的变异系数来衡量区域空间均衡的偏离程度①。

对于地方政府竞争变量，我们同时考察地方政府税收竞争和地方政府财政支出竞争两个维度，分别以地方政府公共财政支出总额占 GDP 的比重和地方税收收入占 GDP 的比重来表示。因为抛却经济体量和经济发展程度的影响，在统一的行政框架和经济框架体制内，我国地方政府公共财政支出占 GDP 的比重和税收收入占 GDP 的比重应维持大体平衡，而其占比的变动方向和变动程度的大小反映了地方政府竞争程度的强弱。

对于资本流动变量的衡量，借鉴 Campbell 和 Mankiw（1990）、王小鲁和樊纲（2004）以及胡凯和吴清（2012）的研究，我们采用“物—资”逆向运动方法进行测算。其核心逻辑是，在支出法核算体系下，区域国内生产总值可分解为最终消费 C、资本形成 I 以及货物和服务的净输出 NEXP 三个部分。其中货物和服务的净输出又包含区域向国外的净出口和区域向国内其他区域的货物和服务的净输出，遵循等价交换的原则，若一个区域向国内其他区域货物和服务的净输出为正值，则有国内其他区域资本的净流入。反之则表明，在整个中国行政区划内，该区域是资本的净流出地。同时，为保证不同经济体样本的可比性，我们将区域资本流动净额除以区域 GDP 以反映资本流动变量指标。

为表明地方政府竞争对资本流动的影响，在模型中我们引入了地方政府竞争和资本流动的交互项以表征地方政府竞争对资本流动的调节作用。同时，我们在模型中引入了市场化程度、市场开放度、人力资本水平、区域技术水平、区域可达性、金融深化水平等控制变量，各变量的具体计算方式参照如下表达说明：

市场化程度：以非国有企业从业人员数与区域在岗职工年均人数之比来表示。

市场开放度：以区域进出口总额占 GDP 的比重来表示。

---

① 值得注意的是，居民人均收入水平的变异系数往往是衡量空间非均衡的重要指标，在本章中居民人均收入水平的变异系数值越大，则空间愈发非均衡，居民人均收入水平的变异系数值越小，则相对而言，空间愈发均衡。同时，值得说明的是，本章之所以弃用 Gini 系数、泰尔指数等常用的空间非均衡指标，是因为本章选用的是市级层面样本研究数据，而 Gini 系数和泰尔指数具有层次累加性，即计算某个省级层面的非均衡性往往需要从该省所辖市、区样本进行计算加总，这与我们研究中把所有市级样本作为同一层次上的整体具有出入。

人力资本水平：以每万人在校大学生人数来表示。

技术水平：以每万人科技从业人员数来表示。

区域可达性：以单位区域面积的公路里程来表示。

金融深化水平：以年末金融机构存贷款余额与区域 GDP 的比值来表示。

各变量的统计性描述特征如下表 7－3 所示。

表 7－3　　关于研究变量的统计性描述

变量	变量定义	样本数	均值	标准差	最小值	最大值
Devi	空间均衡	3738	0.5296	0.3488	0.0006	1.6690
L. Devi	空间均衡的滞后一期	3738	0.5339	0.3507	0.0006	1.6690
fcompe	财政支出竞争	3738	0.1245	0.0573	0.0272	0.4598
tcompe	税收竞争	3738	0.0642	0.0266	0.0153	0.3757
cflow	区域资本流动	3738	0.0495	0.2923	－1.4087	0.9848
fcompe × *cflow*	财政支出竞争和资本流动的交叉项	3738	－0.0027	0.0464	－0.5090	0.1149
tcompe × *cflow*	税收支出竞争和资本流动的交叉项	3738	－0.0001	0.0201	－0.1606	0.1331
market	市场化程度	3738	0.4098	0.1678	0.0511	0.8825
marope	市场开放度	3738	0.2189	0.4419	0.0003	5.4419
hucap	人力资本水平	3738	4.1055	1.2556	0.0513	7.1471
tech	技术水平	3738	3.3052	0.9274	0.0316	6.1662
infras	市场可达性	3738	0.7689	0.4843	0.0268	4.1736
findea	金融深化程度	3738	1.9531	0.9266	0.5410	7.1569

从表 7－3 中可以看出，衡量我国区域经济空间非均衡程度的变异系数的均值为 0.5296，其中空间非均衡变异系数的标准差值为 0.3488，变异系数的最小值为 0.0006，最大值为 1.6690，这表明我国区域经济呈现出相当程度的空间非均衡特征。地方政府财政支出占 GDP 的变动幅度为［0.0272，0.4598］，地方政府税收收入占 GDP 的变动幅度为［0.0153，0.3757］，这表明我国区域间确实存在着税收收入和财政支出的空间差异。其他相关研究变量的统计性描述特征也基本符合预期，满足我们对数据分析的基本要求。

三、计量回归的经济解释

在全样本回归分析及分区域的稳健性检验回归分析中，本章均采用两步

GMM 动态面板模型估计方法，且同时报告了差分 GMM 和系统 GMM 的回归结果。需要注意的是，使用 GMM 的前提是面板数据不存在二阶及二阶以上的残差自相关，但是允许一阶残差自相关的存在，因此我们的分析不包含 AR（2）值小于 0.1 的回归列[①]。表 7－4 给出了基于全样本数据分析的回归估计结果。

由于我们对空间均衡的度量是以空间非均衡常用的变异系数来表达，所以从基于全样本数据的回归分析中可以看出，无论是地方政府税收竞争还是地方政府财政支出竞争均与空间非均衡呈现出负相关关系，该结论验证了假设 1：地方政府竞争有利于促进区域经济的空间均衡。这与吴意云和朱希伟（2015）的研究具有一定的相似性，他们认为在“中央舞剑、地方跟风”这一趋势的引导下，辖区间相似的产业政策不可避免地带来地方政府竞争，并促进产业的空间扩散。

值得注意的是，资本流动变量的回归系数为正，且显著，这说明资本流动拉大了我国区域经济空间的非均衡程度，即表明了我国区域间资本流动的“卢卡斯悖论[②]”现象，由此也验证了假设 2b：资本流动扩大了区域经济的空间非均衡。

在回归列表中我们看到，无论是地方政府财政支出竞争还是地方政府税收竞争，其与资本流动交叉项的回归系数都为负值，且高度显著，这表明在资本流动不变的情况下，地方政府财政支出竞争和地方政府税收竞争都有效地缩小了区域经济的发展差距，促进了区域经济的空间均衡。这验证了本章的研究假设 3：地方政府竞争对资本流动的调节效应有利于促进中国区域经济的空间均衡。

在控制变量中，市场化程度对区域经济空间均衡的作用并不明显，这大致是因为伴随着信息化和交通便利化等外部条件的改善，我国区域经济的市场一体化程度正在逐步增强，因此区域间市场化程度的空间差异并不明显；对外开放度和金融深化程度的回归系数均为正值，且都高度显著，这表明对外开放度和金融深化程度拉大了区域经济的发展差距。一个明显的现象是我国对外贸易的加工区域和出口区域主要集中在东部沿海地区，而金融资源往往和非农业产业发展呈现出高度的空间耦合性；人力资本水平、技术水平和市场可达性这三者的回归系数皆为负值，且呈现出一定的显著性，这表明他们均促进了我国区域经济的空间均衡发展。大学教育的扩招给予了欠发达区域的居民子女更多的接受高等教育的机

① 由于税收竞争中，系统 GMM 的 AR（2）值小于 0.1，故我们的分析不以此列为分析依据。

② 卢卡斯悖论，即资本不是由发达地区流向欠发达地区，而是由欠发达地区流向发达地区。

会，而大城市高压的房价和中国人的乡土观念思想则促使接受高等教育的居民得以回流。互联网技术的发展和市场化的整合促进了我国技术水平的空间扩散。而中央政府主导的大型公共基础设施建设则明显提升了中西部地区的交通发展水平。这些因素必然有利于促进我国区域经济的空间均衡发展。

表 7-4　基于全样本数据的 GMM 估计结果

	地方政府税收竞争		地方政府财政支出竞争	
	差分 GMM	系统 GMM	差分 GMM	系统 GMM
L · Devi	0.8971*** (22.00)	0.8911*** (34.47)	0.8842*** (23.67)	0.9218*** (41.33)
fcompe			-0.2550** (-2.33)	-0.1445* (-1.80)
tcompe	-0.2316* (-1.73)	-0.2658** (-2.12)		
cflow	0.0541*** (2.68)	0.0123 (0.70)	0.0624** (2.44)	0.0381* (1.77)
fcompe × cflow			-0.4083*** (-4.04)	-0.2070*** (-2.75)
tcompe × cflow	-0.6881*** (-2.98)	0.0445 (0.26)		
market	0.0187 (0.75)	0.0182 (0.76)	0.0129 (0.51)	0.0177 (0.74)
marope	0.0565** (2.00)	0.0385*** (3.07)	0.0575** (2.01)	0.0323*** (2.79)
hucap	-0.0125** (-2.26)	-0.0133 (-2.83)	-0.0106* (-1.91)	-0.0135*** (-2.75)
tech	-0.0180*** (-2.66)	-0.0171 (-2.68)	-0.0153** (-2.22)	-0.0142** (-2.22)
infras	-0.0210** (-2.41)	-0.0245*** (-3.13)	-0.0153* (-1.68)	-0.0207** (-2.50)
findea	0.0365** (3.45)	0.0346*** (4.92)	0.0387*** (3.67)	0.0325*** (4.79)
Cons	0.0854* (1.77)	0.1046*** (2.67)	0.0869* (1.80)	0.0834** (2.21)
AR（1）	0.0000	0.0000	0.0000	0.0000
AR（2）	0.1655	0.0923	0.2262	0.1135
Sargan 检验	0.7371	0.1552	0.6821	0.1316

注：***、**、*分别代表 1%、5% 和 10% 的显著性，系数下面括号是相应的 Z 统计量。

第四节　稳健性检验

为了多维度考察地方政府竞争、资本流动及其交互效应对于中国区域经济空间均衡的影响，在稳健性检验中我们分区域实证检验了上述分析结论，并从公共服务供给的空间可视化层面探析了我国区域经济发展的空间差异。

一、基于“东部和中西部”样本选择的回归分析

沿袭上述分析思路，我们在回归分析中对东部地区的地方政府税收竞争维度下的差分 GMM 和地方政府财政支出竞争维度下的系统 GMM 回归结果予以舍弃，因其不满足二阶残差不自相关前提条件，表 7－5 给出了基于“东部和中西部”样本选择的回归结果。从表中可以看出，与全样本回归结果稍有差异，在东部和中西部分样本回归下，资本流动对于空间非均衡的作用不再显著，地方政府竞争通过资本流动影响区域经济空间均衡的参数也显示出不稳定特征。从东部地区内部来看，地方政府财政支出竞争扩大了区域经济的空间非均衡，而税收竞争则促进了东部区域内部的经济空间均衡。地方政府财政支出竞争和税收竞争对于缩小中西部内部的区域经济空间差距依然是有效的。

表 7－5　　基于“东部和中西部”分区域数据的 GMM 估计结果

	东部地区				中西部地区			
	地方政府税收竞争		地方政府财政支出竞争		地方政府税收竞争		地方政府财政支出竞争	
	差分 GMM	系统 GMM	差分 GMM	系统 GMM	差分 GMM	系统 GMM	差分 GMM	系统 GMM
L · Devi	0.8428 *** (17.80)	0.8699 *** (29.52)	0.9496 *** (17.49)	0.9305 (33.73)	0.7896 *** (11.59)	0.9124 *** (35.83)	0.7799 *** (14.25)	0.9343 *** (43.97)
fcompe			0.6494 ** (2.39)	0.4112 ** (2.28)			－0.4493 *** (－4.09)	－0.1627 *** (－2.70)
tcompe	0.1189 (0.70)	－0.3208 ** (－2.49)			－0.5567 * (－1.90)	－0.2775 ** (－2.00)		
cflow	－0.0132 (－0.27)	－0.0024 (－0.07)	0.0656 (1.05)	0.0428 (1.02)	0.0446 ** (2.23)	0.0090 (0.57)	0.0012 (0.05)	0.0030 (0.17)

续表

	东部地区				中西部地区			
	地方政府税收竞争		地方政府财政支出竞争		地方政府税收竞争		地方政府财政支出竞争	
	差分 GMM	系统 GMM	差分 GMM	系统 GMM	差分 GMM	系统 GMM	差分 GMM	系统 GMM
fcompe × *cflow*			0.1612 (0.34)	0.1698 (0.50)			-0.1342* (-1.75)	-0.0756 (-1.32)
tcompe × *cflow*	1.2410* (1.83)	0.7570 (1.60)			-0.5619** (-2.50)	-0.1149 (-0.87)		
market	-0.0247 (-0.66)	0.0040 (0.13)	-0.0287 (-0.71)	0.0067 (0.21)	0.0036 (0.16)	0.0281 (1.10)	0.0106 (0.47)	0.0257 (1.02)
marope	0.0214 (0.87)	0.0371*** (3.13)	0.0268 (1.03)	0.0286** (2.46)	0.1517*** (3.27)	0.1552*** (3.48)	0.1323*** (2.77)	0.1407*** (3.21)
hucap	-0.0034 (-0.39)	-0.0196*** (-3.28)	-0.0007 (-0.08)	-0.0162*** (-2.75)	-0.0113** (-2.44)	-0.0105*** (-2.79)	-0.0091** (-1.97)	-0.0107*** (-2.86)
tech	-0.0204** (-1.98)	-0.0241*** (-2.66)	-0.0171 (-1.57)	-0.0289*** (-2.99)	-0.0125* (-1.89)	-0.0118* (-1.91)	-0.0098 (-1.44)	-0.0101* (-1.68)
infras	-0.0317*** (-2.70)	-0.0187** (-2.21)	-0.0293** (-2.39)	-0.0244*** (-2.85)	-0.0219** (-2.37)	-0.3470*** (-4.24)	-0.0105 (-1.12)	-0.0269*** (-2.81)
findea	0.0450*** (3.75)	0.0404*** (6.01)	0.0342*** (3.09)	0.0281*** (4.93)	0.0358*** (3.04)	0.0325*** (4.68)	0.0397*** (3.34)	0.0314*** (4.94)
Cons	0.0933 (1.18)	0.1669*** (3.83)	-0.0231 (-0.26)	0.1105** (2.21)	0.1319** (2.28)	0.0635* (1.76)	0.1398*** (2.87)	0.0552* (1.72)
AR（1）	0.0003	0.0004	0.0003	0.0004	0.0000	0.0000	0.0000	0.0000
AR（2）	0.0963	0.1052	0.1266	0.0857	0.6955	0.6866	0.7531	0.6863
Sargan 检验	1.0000	1.0000	1.0000	1.0000	0.9760	1.0000	0.9820	1.0000

注：***、**、*分别代表1%、5%和10%的显著性，系数下面括号是相应的Z统计量。

二、基于“核心—外围”样本选择的回归分析

伴随着我国区域经济地理的空间重塑，在既有的东、中、西区域经济分布格局下，每个区域单元内部也逐渐形成了“核心—外围”空间分布结构，参考陈长石和刘晨晖（2015）的研究，我们将研究样本划分为核心区域和外围区域，其中核心区域是指省会城市、副省级城市及在省级行政区域中经济总量排名第一的

城市①，其余则为外围城市。基于“核心—外围”分区域数据的 GMM 回归估计结果如表 7－6 所示。

从表 7－6 中可以看出，无论是基于核心区域样本，还是基于外围区域样本，地方政府税收竞争和地方政府财政支出竞争均表现出与总样本回归分析的一致特征，即其均有利于中国区域经济的空间均衡发展。资本流动对区域经济空间均衡的影响在核心区域和外围区域的表现不尽一致，其中基于系统 GMM 的回归结果显示，资本流动有利于核心区域的空间经济均衡，但是基于外围区域样本数据的回归结果显示，资本流动扩大了外围区域经济的空间非均衡。从地方政府财政支出竞争和税收竞争与资本流动的交互项来看，无论是核心区域还是外围区域，地方政府竞争均有利于促进区域经济的空间均衡。

表 7－6　基于“核心—外围”分区域数据的 GMM 估计结果

	核心区域				外围区域			
	地方政府税收竞争		地方政府财政支出竞争		地方政府税收竞争		地方政府财政支出竞争	
	差分 GMM	系统 GMM	差分 GMM	系统 GMM	差分 GMM	系统 GMM	差分 GMM	系统 GMM
L · Devi	0. 8006 *** (20. 83)	0. 9086 *** (52. 18)	0. 7349 *** (24. 14)	0. 8982 *** (71. 55)	0. 8517 *** (20. 76)	0. 8372 *** (35. 65)	0. 8877 *** (24. 09)	0. 8782 *** (42. 59)
fcompe			－0. 6480 *** (－4. 40)	－0. 3616 *** (－2. 60)			－0. 0411 (－0. 39)	－0. 1923 ** (－2. 32)
tcompe	－0. 1706 *** (－3. 67)	0. 0278 (0. 38)			－0. 1625 (－1. 23)	－0. 4347 *** (－3. 38)		
cflow	0. 0125 (0. 66)	0. 0031 (0. 09)	－0. 0094 (－0. 41)	－0. 0672 * (－1. 68)	0. 0581 ** (2. 43)	0. 0299 (1. 33)	0. 0796 *** (3. 08)	0. 0594 *** (2. 90)
fcompe × *cflow*			－0. 1873 ** (－2. 13)	0. 0957 (0. 61)			－0. 2071 ** (－2. 02)	－0. 1987 ** (－2. 25)
tcompe × *cflow*	－0. 5138 *** (－4. 49)	－0. 2315 (－0. 88)			－0. 0975 (－0. 28)	0. 2993 (0. 89)		
market	－0. 1193 ** (－2. 50)	－0. 0414 (－1. 32)	－0. 0885 * (－1. 79)	－0. 0128 (－0. 47)	0. 0460 * (1. 81)	0. 0454 * (1. 86)	0. 0369 (1. 39)	0. 0346 (1. 40)
marope	0. 0336 * (1. 85)	0. 0215 * (1. 66)	0. 0242 ** (2. 00)	0. 0324 *** (3. 81)	0. 0812 *** (2. 77)	0. 0588 *** (4. 30)	0. 0807 *** (2. 70)	0. 0497 *** (3. 77)
hucap	－0. 0116 * (－1. 83)	0. 0031 (0. 55)	－0. 0145 ** (－2. 22)	－0. 0017 (－0. 45)	－0. 0041 *** (－0. 72)	－0. 0064 (－1. 29)	－0. 0023 (－0. 40)	－0. 0056 (－1. 12)

① 核心城市中除包含各省省会城市以外（未包含港、澳、台地区），其余样本选择城市为：深圳、厦门、大连、宁波、青岛、唐山等城市。

续表

	核心区域				外围区域			
	地方政府税收竞争		地方政府财政支出竞争		地方政府税收竞争		地方政府财政支出竞争	
	差分 GMM	系统 GMM	差分 GMM	系统 GMM	差分 GMM	系统 GMM	差分 GMM	系统 GMM
tech	0.0106 (0.66)	0.0273*** (2.82)	0.0086 (0.58)	0.0256*** (3.36)	-0.0142** (-2.10)	-0.0126* (-1.92)	-0.0136* (-1.95)	-0.0112* (-1.69)
infras	-0.0315*** (-3.07)	-0.0549*** (-5.65)	-0.0354*** (-3.03)	-0.0618*** (-6.57)	-0.0114*** (-1.23)	-0.0164* (-1.93)	-0.0108 (-1.13)	-0.0141 (-1.60)
findea	-0.0108*** (-2.61)	-0.0145*** (-3.68)	-0.0037 (-0.92)	-0.0067* (-1.79)	0.0585*** (26.64)	0.0822*** (6.75)	-0.0731*** (5.41)	0.0761*** (6.74)
Cons	0.2283** (2.34)	0.0008 (0.01)	0.3109*** (3.52)	0.0403 (1.46)	0.0748*** (5.39)	0.0007 (0.02)	-0.0483 (-0.98)	-0.0139 (-0.36)
AR（1）	0.0072	0.0049	0.0084	0.0060	0.0000	0.000	0.0000	0.0000
AR（2）	0.1136	0.1581	0.0925	0.1025	0.1358	0.1226	0.1605	0.1314
Sargan 检验	0.5443	0.8063	0.5181	0.8053	0.2680	0.5189	0.1313	0.4947

注：***、**、*分别代表1%、5%和10%的显著性，系数下面括号是相应的Z统计量。

三、基于地方政府公共服务供给的可视化分析

从地方政府视角探析空间均衡的一个核心内容即是公共服务供给的均等化。中国经济和社会发展“十三五”规划的一个核心要义即是共享经济发展成果的价值理念，在晋升激励和官员治理声誉等多重目标的引导下，地方政府的一个内在激励目标即是优化区域公共服务供给，而地方政府竞争和资本流动及其交互作用对空间均衡的影响也将最终体现在区域公共服务供给层面。不同于前面的实证分析，本小节运用可视化分析方法，并对样本年限内我国区域公共服务供给水平进行排行，基于辖区公共服务供给水平探析我国区域经济的空间均衡程度。

其中，对于公共服务供给指数的测算，参考王晓玲（2013）和胡洪曙、亓寿伟（2015）的研究，基于层次法和熵权值法，本节从就业（职工平均工资、就业率）、教育（人均教育投入、每万人在校大学生人数）、医疗（人均医疗投入、每万人拥有医生人数）、社会保障（人均社会保障资金支出、基本养老保险参与率、基本医疗保险参与率、失业保险参与率）、城市环境（建成区绿化覆盖率、工业废水排放量、工业烟尘排放量和工业二氧化硫排放量）和公共基础设施

（人均道路拥有面积、城市每万人拥有公共交通车辆数、剧场和歌剧院个数、每百人公共图书馆藏书、国际互联网用户数）共计六个方面测算区域公共服务供给水平[①]。基于样本面板数据，表 7 - 7 分别给出了 2000 年、2004 年、2008 年、2012 年四个年份的我国区域公共服务供给水平排行。

表 7 - 7　　　　样本年份内我国区域公共服务供给水平排行

2000 年		2004 年		2008 年		2012 年	
前 15 名	后 15 名	前 15 名	后 15 名	前 15 名	后 15 名	前 15 名	后 15 名
深圳市	广安市	深圳市	贵港市	上海市	贵港市	北京市	昭通市
北京市	眉山市	上海市	亳州市	深圳市	广安市	深圳市	贵港市
上海市	亳州市	北京市	钦州市	北京市	巴中市	上海市	阜阳市
广州市	遂宁市	广州市	宿州市	珠海市	钦州市	广州市	亳州市
天津市	资阳市	东莞市	巴中市	广州市	昭通市	珠海市	钦州市
南京市	六盘水市	厦门市	昭通市	东莞市	亳州市	东莞市	宿州市
珠海市	安顺市	珠海市	资阳市	杭州市	资阳市	厦门市	茂名市
厦门市	钦州市	南京市	六安市	厦门市	阜阳市	中山市	广安市
武汉市	宿州市	天津市	眉山市	中山市	六安市	南京市	六安市
苏州市	昭通市	武汉市	阜阳市	南京市	安顺市	杭州市	安顺市
东莞市	贵港市	杭州市	六盘水市	天津市	揭阳市	武汉市	周口市
沈阳市	巴中市	哈尔滨市	广安市	武汉市	遂宁市	宁波市	资阳市
杭州市	六安市	中山市	遂宁市	沈阳市	宿州市	天津市	巴中市
大连市	榆林市	济南市	驻马店市	宁波市	汕尾市	苏州市	玉林市
西安市	安康市	无锡市	安顺市	苏州市	茂名市	济南市	驻马店市

同时，基于公共服务供给水平的数值特征显示出，伴随着时间的演进，我国区域公共服务供给水平的低值区域逐渐减少，而公共服务供给水平的中值区域和高值区域逐步增加，公共服务供给水平的提升大致是从东向西逐步推进，但是中部地区的河南、湖北、江西等少数地方区域公共服务供给水平提升较慢。公共服务供给水平基本上也呈现出“核心—外围”格局，省会城市及个别经济发达区域的公共服务供给水平明显高于周边地区。因此，从公共服务供给视角来看，我国区域经济的空间均衡随时间的演进而逐步推进的现象较为明显。

---

① 就业、教育、医疗、社会保障、城市环境和公共基础设施建设均为二级指标，括号内为三级指标，并根据熵值法确定其权重。

第五节　本章小结

区域经济发展的空间不均衡是我国区域经济面临的现实问题，区域经济发展的空间不均衡既制约了经济发展成果的全民共享，也阻滞了我国区域经济增长潜力的进一步释放。现有关于中国区域经济空间均衡的研究主要集中在区域经济收敛及区域经济协调发展等研究主题上，鲜有从政府政策层面对其进行的分析。本节基于中国地市级样本数据，从地方政府竞争视角探讨了地方政府竞争、资本流动及其空间交互对于中国区域经济空间均衡的影响。研究主要得出以下结论：

第一，无论是地方政府税收竞争还是地方政府财政支出竞争，其均缩小了区域经济发展差距，有利于我国区域经济的空间均衡发展。推动区域经济的均衡发展，是我国中央政府的既定目标，这在经济新常态背景下显得尤为迫切。但是受制于区域间经济发展水平的不同，地方政府在进行税收竞争还是财政支出竞争的决策上并不相同，因为税收竞争是地方政府对未来预期收益的让渡，而财政支出竞争则需要地方政府现期财政实力的支撑。当然，异质性企业也会对不同维度的地方政府竞争作出不同反应。

第二，资本流动扩大了我国区域间经济发展差距，说明我国区域间不仅劳动力要素存在“孔雀东南飞”的现象，而且资本要素也存在同样的倾向，这反映了资本要素区域间的空间分布不均衡现象。与陆铭（2016）观点类似，我们认为资本要素并不是流向其存量分布较为稀缺的地区，而是流向资本边际报酬最高的地区。

第三，地方政府竞争对资本流动的负向调节效应表明，地方政府竞争在一定程度上缓和了资本流动空间分布不均衡的状况，有利于区域经济的均衡发展。

第四，地方政府竞争、资本流动对区域经济均衡的影响表现出空间异质性特征。同时，由于各地方区域经济发展战略和发展目标必然面临着“不可能三角”问题[①]，因此地方政府应该根据自身实际在竞争的方式、内容和目标上加以斟酌。而中央政府则应该在其中扮演好“裁判”和“守门人”的角色，划定地方

① 陆铭. 求解“不可能三角”：理性、公正与效率［J］. 探索与争鸣，2015（10）：64－68.

政府竞争的“红线”和“底线”，实施负面清单管理制度。

根据本章分析及以上结论，我们得出的政策启示主要有以下几点：

首先，我国区域经济的空间不均衡是一个既定事实，这种空间不均衡既有经济地理层面的原因，也有政府层面的政策导向。我国经济增长奇迹的关键一点即在于有效激发了地方政府的活力，因此，对于地方政府竞争行为的合理性应该给予审慎的视角辩证地看待，肯定其合理性，防范由于地方政府竞争可能带来的地方政府债务激增、市场分割等潜在风险。

其次，地方政府竞争与地区经济发展具有内生性关系，地方政府竞争以地区经济发展水平为基础，而根据地区经济发展水平的不同，地方政府竞争的手段和方式也会逐步演进。伴随着地区经济的发展，地方政府竞争的手段将逐步由税收竞争、财政支出竞争转向制度、文化和服务等层面的软实力竞争。

最后，我国区域资本虽然存在着“卢卡斯资本流动悖论”，但是区域地方政府依然可以在吸引资本流入方面大有可为。在中央政府强调区域间协调发展的背景下，中西部欠发达区域可以通过强化自身的服务意识、承接产业转移、成立产业发展专项基金等手段为资本流入和企业集聚“筑巢”。

第八章　研究结论与政策启示

个体动机是经济走势的主要塑造者，但集体行动可以重塑经济走势，其中政府行为最具影响力。为了推进发展所必需的地理变迁，政府必须具备空间视角。1994 年的分税制财政体制改革确立了我国地方政府的财政联邦主义倾向，使得地方政府拥有了一定的财政自主权。而由于现实世界的“块状经济”和区域经济地理的非匀质性，在一定的政治和经济激励下，地方政府总会为稀缺的资本要素而进行竞争。因此，在“财政分权”和“行政集权”体制下，地方政府强化对流动资本要素的竞争具有必然性。

地理结构变迁带来繁荣，而资本流动是引致地理结构变迁的核心要素，现代市场经济表现出明显的“钱随人走”特征。经济新常态下，资本和劳动力边际报酬递减趋势明显，调整经济发展的空间结构是必然趋势。在资本要素的空间流动过程中，地方政府竞争作为一种弹性制度，在一定程度上扩大了资本要素的获利空间。因此，竞争性政策往往使得经济活动产生一种突变，并影响区域经济的空间均衡。

理论来源于实践并服务于认知，作为全书收尾部分，本章将对全书进行系统性回顾，概括主要结论、总结政策启示，提出研究展望。

第一节　主要结论

通过全书的理论分析和以中国 2000—2013 年 267 个市级层面数据为样本的实证检验，我们得出关于研究命题的如下四点结论：

1. 我国区域间资本流动存在着明显的“卢卡斯悖论”现象，且受政府政策影响较大。我国区域经济发展进程中，东部沿海发达区域及每个省域内部的省会城市构成明显的资本分布的“核心”地带，而中西部欠发达区域构成资本分布的“外围”区域。虽然近年来中央政府从公共支出层面或者转移支付层面倾斜于中西部，但是通过市场交易，资本要素会再次回流到核心区域。同时，政府政策对资本流动具有明显的导向作用，较为典型的是“西部大开发”政策的实施，中央倾注了当量的精力和资本助力西部崛起。

2. 地方政府税收竞争有利于资本的流入，而财政支出竞争对资本要素的吸引有限。地方政府竞争对资本流入具有“天花板”效应，标准政府竞争理论在我国并不成立。我国区域间地方政府税收竞争是有效的，而财政支出竞争作用较不明显。而且，地方政府竞争对资本流入的作用具有“天花板”效应，即地方政府竞争对流动资本的吸引存在着既定约束，地方政府税收层面上的“逐底竞争”在我国并不存在。

3. 地方政府税收竞争有利于辖区资本配置效率的提升，而地方政府财政支出竞争并未引致区域资本配置效率的同步提升。企业能够从地方政府税收竞争中获得直接的收益或者利益补偿，而财政支出竞争虽然从表面上看降低了企业的外在成本，但是却因为企业集聚不足而难以补偿财政支出成本。因此，我国辖区间税收竞争是有效的，而财政支出竞争可能是低效的甚至是无效的。

4. 地方政府竞争有利于区域经济的空间均衡，资本流动扩大了区域经济的空间非均衡，地方政府对资本流动的调节效应有利于缩小区域经济增长差距，促进区域经济的空间均衡。当前，我国区域资本流向依然是以东南发达的沿海地区和区域省会城市为主，这表明市场势力有拉大区域经济发展差距的倾向，而地方政府竞争则是以地方政府让利行为来弥补企业“机会成本”的损失，因此有利于吸引企业和资本落户，并在一定程度上缩小区域经济发展差距。

第二节　政策启示

1. 区域经济发展和政治制度紧密相连，在政治集权和经济分权背景下，地方政府竞争有其必然性。在赶超型经济发展体制下，政府掌握了我国经济发展的核心资源，因此形成了“三驾马车”① 引领中国经济增长的发展模式。在“效率优先，兼顾公平”原则的引导下，地方政府产生了“为晋升而增长”的主体思想，这是我国地方政府竞争的现实基础。同时，应该明确“地方政府竞争”是一个中性词，而非贬义词，转型进程中的地方政府竞争确实为中国的经济发展提供了良好的基础设施保障②。

2. 在“权—责—利”主体相统一的条件下，应当给予地方政府相应的财政和税收权利。地方政府竞争可能会产生坏的经济结果，但是应该看到，在政策红线和预算约束范围内，其对经济发展的带动作用是主流的。因此，我们应该以更加宽阔的视野看待地方政府竞争问题，宜疏不宜堵，促进地方政府“权—责—利”相统一，防范由地方政府竞争带来的市场分割、过度投资、地方政府债务负担沉重等问题。不可否认的是，当前我国的地方政府分权改革进行的并不彻底，主要表现为地方政府缺乏稳定且可持续的财政来源，财政分权改革还有进一步深化的空间，如房产税、遗产税等的开征应该是已经具备了一定的现实基础的。

3. 促进区域经济均衡发展，推动资本要素的“空间广化”和“空间深化”。现阶段，我国处于经济转型改革的深化阶段，城镇化、老龄化、收入差距扩大等各种现象和问题交织复杂，而解决所有问题的关键则在于跨越“中等收入陷阱”③，推动区域经济的可持续发展。而在当前东部空间集聚程度和资本积累程度都远远高于中西部的背景下，进一步挖掘经济增长潜力的关键即在于推动资本要素的空间广化和空间深化。具体来说即遵循产业的生命周期理论，推动部分劳动密集型和资源密集型产业向中、西部区域的扩散和转移，而东部地区则应向产业上游扩展和延伸，更加精细化和专业化地组织生产。

4. 资本流动的“卢卡斯悖论”表明资本的本质即是逐利性，它会流向资本回报率最高的地方。伴随着社会主义市场经济体制改革的完善和确立，市场经济的公平交换和效率观念深入人心，行政指令性的分配关系已经逐渐淡出社会生活。因此，在对资本要素的竞争上，地方政府应该摒弃计划经济的思维模式，熟悉并掌握市场规则，利用财政和税收手段撬动资本的空间流入，并且从根本上优

---

① “三驾马车”是指投资、消费、进出口。

② 张军，高远，傅勇，等. 中国为什么拥有了良好的基础设施？[J]. 经济研究，2007（3）：4-19.

③ “中等收入陷阱”是指当一个国家的人均收入达到中等水平后，由于不能顺利实现经济发展方式的转变，导致经济增长动力不足，最终出现经济停滞的一种状态。

化本辖区的制度环境、人文环境、社会环境和自然环境。

5. 税收竞争和财政支出竞争是一枚硬币的正反面，财政支出竞争以税收收入为支撑，且区域经济发展程度决定了辖区政府在竞争中的态势，因此区域经济政策的制定应该具有战略视角和长远眼光。辖区财政支出必然以相应的辖区税收收入为依托，而税收收入又反映了辖区经济规模和经济活力的大小。因此，地方政府竞争和辖区经济发展具有双向的互动影响关系，正本清源，辖区经济发展起来了，地方政府才能有更为宽松的政策工具选择的余地，而欠发达区域在辖区竞争中则往往缺乏强大的经济实力支撑。但是，在经济发展中，必要的政府激励又是必要的，因为资本要素确实会对政府政策激励作出反应。

6. 地方政府税收竞争和地方政府财政支出竞争可能具有不同的经济效应，地方政府在制定区域经济激励政策时应该“相机抉择”。基于对全样本的回归分析我们发现，地方政府税收竞争有助于提升资本的空间配置效率，而地方政府财政支出竞争则是低效甚至是无效的，因此辖区政府在地方政府竞争的策略选择上应统筹考虑，因地制宜。原因是：税收竞争往往是地方政府对企业给予税收减免和税收优惠，其对企业成本的减少是立竿见影的，而财政支出竞争则更多的是地方政府通过提升公共服务供给水平来服务于企业，因而具有较大的空间外溢性和共享性，当辖区空间集聚水平较低时，公共基础设施的利用效率往往是较低的，其对辖区资本利用效率的提升也是有限的。

第三节　研究展望

地方政府竞争是我国经济转型阶段深化政治体制改革和深化经济体制改革过程中出现的客观结果，并且其又作用于我国区域经济增长并塑造着区域经济空间地理形态，深刻地影响着资本要素的空间流向。以我国区域经济发展进程为现实样本，将资本流动引入其中，本书试图打开地方政府竞争影响区域经济增长的黑匣子。但是受限于作者的理论素养和对方法的掌握，以及最为宝贵的数据资源的可得性，关于此类命题还有很多值得进一步拓展和探讨的地方。如：

1. 地方政府竞争背景下，资本跨区域流动的主要形式。在本书中，我们只是以宏观的视域探析了资本的跨区域流动，而对于资本跨区域流动的主要形式、阶段性特征缺乏深入细致的考察。比如，我们知道上市公司一般是企业行业的龙头，出于税收和就业层面的考量，地方政府对其一般都是给予强力扶持的，甚至是鼓励本辖区企业上市，从这点出发，我们可以研究政府政策支持与证券市场的资本空间配置。

2. 当前关于地方政府的研究越来越倾向于从宏观数据研究到微观数据实证，这也是作者努力的方向点。

3. 城市群经济凸起，“核心”和“外围”区域政府政策的空间互动及其经济效应越来越强。中国区域经济面积广大，区域发展模式呈现出多样性，既有江苏和山东的辖区均衡发展模式，也有“大武汉”的空间极化发展模式，但是一个不争的事实是城市群经济正在凸起，“强省会”时代正在来临，那么在这两种空间形态下，地方政府将会采取怎样的策略应对以强化对资源要素的吸附能力是一个值得探讨的问题。

参考文献

[1] 阿西莫格鲁，等. 国家为什么会失败 [M]. 李增刚，译. 长沙：湖南科学技术出版社，2015.

[2] 艾哈德. 来自竞争的繁荣 [M]. 祝世康，穆家骥，译. 北京：商务印书馆，1983.

[3] 安虎森. 新经济地理学原理（第2版） [M]. 北京：经济科学出版社，2009.

[4] 奥尔森. 国家的兴衰 [M]. 李增刚，译. 上海：上海人民出版社，2007.

[5] 白重恩，张琼. 中国的资本回报率及其影响因素分析 [J]. 世界经济，2014 (10)：3 – 30.

[6] 白俊红，蒋伏心. 协同创新、空间关联与区域创新绩效 [J]. 经济研究，2015 (7)：174 – 187.

[7] 白雪. 中国经济重心空间演变研究 [M]. 北京：经济科学出版社，2015.

[8] 才国伟，钱金保，舒元. 我国资本配置中的趋同与效率：1952—2007 [J]. 统计研究，2009 (6)：38 – 44.

[9] 陈博，倪志良. 税收竞争对我国区域经济增长的非线性作用研究——基于动态面板与门限面板模型的分析 [J]. 现代财经，2016 (12)：73 – 85.

[10] 陈得文，苗建军. 空间集聚与区域经济增长内生性研究——基于1995—2008年中国省域面板数据分析 [J]. 数量经济技术经济研究，2010 (9)：82 – 93.

[11] 陈东，樊杰. 区际资本流动与区域发展差距——对中国银行间信贷资

本流动的分析［J］. 地理学报，2011（6）：723－731.

［12］陈林，朱卫平. 边际报酬递减规律是客观存在的吗——来自上市公司面板数据的实证检验［J］. 中国工业经济，2009（6）：46－56.

［13］陈强. 高级计量经济学及 Stata 应用［M］. 2 版. 北京：高等教育出版社，2014.

［14］陈秀山，徐瑛. 中国区域差距影响因素的实证研究［J］. 中国社会科学，2004（9）：117－129.

［15］陈长石，刘晨晖. 基于中心—外围模型的区域发展不平衡测算及其空间分解——兼论中国地区发展不平衡来源及收敛性（1990—2012）［J］. 经济管理，2015，37（2）：31－40.

［16］陈志军. 地方政府间财政竞争、空间策略行为与企业技术创新［J］. 财政研究，2017（8）：69－78.

［17］成力为，孙玮，孙雁泽. 地方政府财政支出竞争与区域资本配置效率——区域制造业产业资本配置效率视角［J］. 公共管理学报，2009（4）：29－36.

［18］邓慧慧，桑百川. 财政分权、环境规制与地方政府 FDI 竞争［J］. 上海财经大学学报，2015，17（3）：79－88.

［19］邓明. 财政支出、支出竞争与中国地区经济增长效率［J］. 财贸经济，2013（10）：27－37.

［20］豆建民. 国内资本流动对我国区域经济增长的影响［J］. 当代财经，2005（8）：84－87.

［21］樊潇彦，袁志刚，万广华. 收入风险对居民耐用品消费的影响［J］. 经济研究，2007（4）：124－136.

［22］范红忠，周启良. FDI 区域分布差异的市场机制研究——来自中国 287 个地级以上城市的经验证据［J］. 国际贸易问题，2015（4）：116－125.

［23］范子英，田彬彬. 税收竞争、税收执法与企业避税［J］. 经济研究，2013（9）：99－111.

［24］方红生，张军. 中国地方政府竞争、预算软约束与扩张偏向的财政行为［J］. 经济研究，2009（12）：2－16.

［25］冯兴元．论辖区政府间的制度竞争［J］．国家行政学院学报，2001（6）：27－32.

［26］付文林，宋顺峰．不完全竞争条件下的税收竞争与资本流动研究综述［J］．经济学动态，2010（9）：131－137.

［27］傅勇，张晏．中国式分权与财政支出结构偏向：为增长而竞争的代价［J］．管理世界，2007（3）：4－13.

［28］郭杰，李涛．中国地方政府间税收竞争研究——基于中国省级面板数据的经验证据［J］．管理世界，2009（11）：54－63.

［29］郭金龙，王宏伟．中国区域间资本流动与区域经济差距研究［J］．管理世界，2003（7）：45－58.

［30］郭庆旺，贾俊雪．地方政府间策略互动行为、财政支出竞争与地区经济增长［J］．管理世界，2009（10）：17－27.

［31］郭熙保，罗知．中国省际资本边际报酬估算［J］．统计研究，2010，27（6）：71－77.

［32］韩彪，张兆民．区域间运输成本、要素流动与中国区域经济增长［J］．财贸经济，2015（8）：143－155.

［33］何梦笔．政府竞争：大国体制转型理论分析范式［R］．陈凌，译．维滕大学讨论文稿第42期，1999.

［34］何雄浪．新经济地理学新进展：溢出效应、空间相关性与要素流动［M］．北京：经济科学出版社，2014.

［35］胡洪曙，亓寿伟．政府间转移支付的公共服务均等化效果研究——一个空间溢出效应的分析框架［J］．经济管理，2015（10）：1－11.

［36］胡凯，吴清．省际资本流动的制度经济学分析［J］．数量经济技术经济研究，2012（10）：20－36.

［37］胡志勇，周俊琪，傅俏．地市级政府税收竞争与资本流动——基于福建省九个地市经济数据的研究［J］．税务研究，2013（12）：77－80.

［38］纪益成，胡卓娟，鲍曙明．地方政府研发支出、策略互动行为与企业研发投入——基于空间效应和门槛特征的研究［J］．吉林大学社会科学学报，2015，55（5）：47－56.

[39] 蒋德权，姜国华，等．地方官员晋升与经济效率：基于政绩考核观和官员异质性视角的实证考察［J］．中国工业经济，2015（10）：21－36.

[40] 蒋善文．横向税收竞争与区域经济差距的关系研究［D］．山东大学，2010.

[41] 康芒斯．制度经济学［M］．赵睿，译．北京：华夏出版社，2013.

[42] 莱纳特．富国为什么富，穷国为什么穷［M］．杨虎涛，等译．北京：中国人民大学出版社，2010.

[43] 李涛，周业安．中国地方政府间支出竞争研究——基于中国省级面板数据的经验证据［J］．管理世界，2009（2）：12－22.

[44] 李涛，黄纯纯，周业安．税收、税收竞争与中国经济增长［J］．世界经济，2011（4）：22－41.

[45] 李拓．土地财政下的环境规制“逐底竞争”存在吗？［J］．中国经济问题，2016（9）：42－51.

[46] 李文，胡菲菲．我国地方政府间税收竞争存在性及竞争程度的实证分析［J］．税务与经济，2013（3）：68－72.

[47] 李永友，丛树海．我国地区税负差异与地区经济差异——一个横截面时间序列方法［J］．财经问题研究，2005（9）：78－86.

[48] 李永友．转移支付与地方政府间财政竞争［J］．中国社会科学，2015（10）：114－133.

[49] 李小平，陈勇．劳动力流动、资本转移和生产率增长——对中国工业“结构红利假说”的实证检验［J］．统计研究，2007，24（7）：22－28.

[50] 林仁文，杨熠．中国的资本存量与投资效率［J］．数量经济技术经济研究，2013（9）：72－88.

[51] 林毅夫．新结构经济学：反思经济发展与政策的理论框架［M］．北京：北京大学出版社，2014.

[52] 琳达·岳．中国的经济增长［M］．鲁冬旭，译．北京：中信出版社，2015.

[53] 刘寒波．要素流动下的地方公共服务供给空间分析［D］．湖南大学，2007.

[54] 刘江会，王功宇．地方政府财政竞争对财政支出效率的影响——来自长三角地级市城市群的证据［J］．财政研究，2017（8）：56－68.

[55] 刘穷志．税收竞争、资本外流与投资环境改善——经济增长与收入公平分配并行路径研究［J］．经济研究，2017（3）：61－75.

[56] 刘瑞明，赵仁杰．西部大开发：增长驱动还是政策陷阱——基于PSM-DID方法的研究［J］．中国工业经济，2015（6）：32－43.

[57] 刘伟．经济增长与地方官员晋升激励的研究脉络［J］．经济学动态，2016（1）：90－99.

[58] 刘新争．资本重置、地区利益再分配与产业转移［J］．经济学家，2014（12）：92－98.

[59] 刘修岩，殷醒民，贺小海．市场潜能与制造业空间集聚：基于中国地级城市面板数据的经验研究［J］．世界经济，2007（1）：56－63.

[60] 刘修岩．空间效率与区域平衡：对中国省级层面集聚效应的检验［J］．世界经济，2014（1）：55－80.

[61] 龙小宁，朱艳丽，等．基于空间计量模型的中国县级政府间税收竞争的实证分析［J］．经济研究，2014（8）：41－53.

[62] 卢卡斯．为什么资本不从富国流向强国［M］．郭冠清，译．北京：中国人民大学出版社，2016.

[63] 陆铭．大国大城［M］．上海：上海人民出版社，2016.

[64] 罗若愚，张龙鹏．西部地区产业结构变动中的经济增长研究［J］．财经问题研究，2013（9）：30－36.

[65] 吕凯波，喻超．财政层级变革如何影响了地方政府横向税收竞争行为?［J］．浙江社会科学，2017（2）：40－49.

[66] 马克思．资本论［M］．朱登，译．北京：北京联合出版公司，2013.

[67] 倪鹏飞，刘伟，黄斯赫．证券市场、资本空间配置与区域经济协调发展——基于空间经济学的研究视角［J］．经济研究，2014（5）：121－132.

[68] 倪鹏飞，杨华磊，周晓波．经济重心与人口重心的时空演变——来自省会城市的证据［J］．中国人口科学，2014（2）：44－54.

[69] 彭文斌．资本流动对区域经济差距的影响研究［D］．复旦大

学，2008.

［70］皮凯蒂．21 世纪资本论［M］．巴曙松，等译．北京：中信出版社，2014.

［71］钱学锋，黄玖立，黄云湖．地方政府对集聚租征税了吗？——基于中国地级市企业微观数的经验研究［J］．管理世界，2012（2）：18－29.

［72］秦岭．中国经济增长中的资本效率研究［D］．华中科技大学，2010.

［73］任晓红，张宗益，等．中国省际资本流动影响因素的实证分析［J］．经济问题，2011（1）：31－35.

［74］单豪杰．中国资本存量 K 的再估算：1952—2006 年［J］．数量经济技术经济研究，2008（10）：17－31.

［75］邵明伟，钟军委 等．地方政府竞争：税负水平与空间集聚的内生性研究——基于 2000—2011 年中国省域面板数据的空间联立方程模型［J］．财经研究，2015，41（6）：58－69.

［76］邵帅，齐中英．西部地区的能源开发与经济增长——基于“资源诅咒”假说的实证分析［J］．经济研究，2008（4）：147－160.

［77］沈坤荣，付文林．税收竞争、地区博弈及其增长绩效［J］．经济研究，2006（6）：16－26.

［78］沈坤荣，付文林．均等化转移支付与地方财政支出结构［J］．经济研究，2012（5）：45－57.

［79］石敏俊．现代区域经济学［M］．北京：科学出版社，2013.

［80］斯密．国富论［M］．严复，译．上海：上海世界图书出版公司，2012.

［81］孙晓华，郭旭．工业集聚效应的来源：劳动还是资本［J］．中国工业经济，2015（11）：78－93.

［82］孙永平，余珮．人力资本、FDI 区域分布与经济发展——基于中国面板数据的“卢卡斯之谜”的实证检验［J］．经济评论，2008（5）：26－31.

［83］唐飞鹏．地方税收竞争、企业利润与门槛效应［J］．中国工业经济，2017（7）：99－117.

［84］陶然，苏福兵，等．经济增长能够带来晋升吗？——对晋升锦标竞赛

理论的逻辑挑战与省级实证重估 [J]. 管理世界, 2010 (12): 13 - 26.

[85] 汪冲. 资本集聚、税收互动与纵向税收竞争 [J]. 经济学 (季刊), 2011, 11 (1): 19 - 38.

[86] 王定星. “FH 之谜” 在省际的应用及其理论解释 [J]. 经济学 (季刊), 2015, 14 (2): 483 - 506.

[87] 王凤荣, 苗妙. 税收竞争、区域环境与资本跨区流动——基于企业异地并购视角的实证研究 [J]. 经济研究, 2015 (2): 16 - 30.

[88] 王珏, 骆力前, 郭琦. 地方政府干预是否损害信贷配置效率? [J]. 金融研究, 2015 (4): 99 - 114.

[89] 王丽娟. 我国地方政府财政支出竞争的异质性研究——基于空间计量的实证分析 [J]. 财贸经济, 2011 (9): 11 - 19.

[90] 王美今, 林建浩, 余壮雄. 中国地方政府财政竞争行为特性识别: “兄弟竞争” 与 “父子争议” 是否并存? [J]. 管理世界, 2010 (3): 22 - 31.

[91] 王文剑, 仉建涛, 覃成林. 财政分权、地方政府竞争与 FDI 的增长效应 [J]. 管理世界, 2007 (3): 13 - 22.

[92] 王曦, 杨扬, 余壮雄. 中央投资对中国区域资本流动的影响 [J]. 中国工业经济, 2014 (4): 5 - 18.

[93] 王喜, 赵增耀. FDI 与区域资本流动: 抑制还是促进 [J]. 国际贸易问题, 2014 (4): 136 - 143.

[94] 王小鲁, 樊纲. 中国地区差距的变动趋势和影响因素 [J]. 经济研究, 2004 (1): 33 - 44.

[95] 王晓玲. 我国省区基本公共服务水平及其区域差异分析 [J]. 中南财经政法大学学报, 2013 (5): 23 - 29.

[96] 王艳丽, 钟奥. 地方政府竞争、环境规制与高耗能产业转移——基于 “逐底竞争” 和 “污染避难所” 假说的联合检验 [J]. 山西财经大学学报, 2016 (6): 46 - 54.

[97] 王永培, 晏维龙. 产业集聚的避税效应—来自中国制造业企业的经验证据 [J]. 中国工业经济, 2014 (12): 57 - 69.

[98] 王钺, 白俊红. 资本流动与区域创新的动态空间收敛 [J]. 管理学

报，2016，13（9）：1374－1382.

［99］威廉姆森．市场与层级制：分析与反托拉斯含义［M］．蔡晓月，译．上海：上海财经大学出版社，2011.

［100］吴意云，朱希伟．中国为何过早进入再分散：产业政策与经济地理［J］．世界经济，2015（2）：140－166.

［101］肖刚．中国外商直接投资区位分布的时空格局演变［J］．当代财经，2015（10）：97－107.

［102］肖燕飞．基于空间理论的我国区域资本流动及其对区域经济发展的影响研究［D］．湖南大学，2012.

［103］谢贞发，范子英．中国式分税制、中央税收征管权集中与税收竞争［J］．经济研究，2015（4）：92－106.

［104］徐现祥，王贤斌．晋升激励与经济增长：来自中国省级官员的证据［J］．世界经济，2010（2）：15－36.

［105］严浩坤．中国跨区域资本流动：理论分析与实证研究［D］．浙江大学，2008.

［106］杨柳．经济集聚与中国地方政府税收竞争行为研究［D］．暨南大学，2015.

［107］杨龙见，尹恒．中国县级政府税收竞争研究［J］．统计研究，2014，31（6）：42－49.

［108］姚洋．作为制度创新过程的经济改革［M］．上海：格致出版社，2008.

［109］姚洋，张牧扬．官员绩效与晋升锦标赛——来自城市数据的证据［J］．经济研究，2013（1）：137－150.

［110］姚枝仲，周素芳．劳动力流动与地区差距［J］．世界经济，2003（4）：35－44.

［111］叶阿忠，吴继贵．空间计量经济学［M］．厦门：厦门大学出版社，2015.

［112］叶明确，方莹．中国资本存量的度量、空间演化及贡献度分析［J］．数量经济技术经济研究，2012（11）：68－84.

［113］叶宗裕．中国省际资本存量估算［J］．统计研究，2010（12）：65－71.

［114］尹虹潘．开放环境下的中国经济地理重塑——“第一自然”的再发现与“第二自然”的再创造［J］．中国工业经济，2012（5）：18－30.

［115］余壮雄，杨扬．市场向西、政治向东——中国国内资本流动方向的测算［J］．管理世界，2014（6）：53－64.

［116］张晖．地方政府竞争的方式及其双重效应［J］．经济体制改革，2011（1）：27－31.

［117］张军，吴桂英，张吉鹏．中国省际物质资本存量估算：1952—2000［J］．经济研究，2004（10）：35－44.

［118］张军．中国经济发展：为增长而竞争［J］．世界经济文汇，2005（10）：101－105.

［119］张天舒，黄俊．区域经济集中、经济增长与收入差距［J］．金融研究，2013（2）：74－86.

［120］张五常．中国的经济制度［M］．北京：中信出版社，2009.

［121］张祥建，钟军委，等．空间集聚与区域间税收竞争内生性研究——基于2000—2013年中国省域面板数据分析［J］．现代财经，2015（1）：69－80.

［122］张晓莉，刘启仁．中国区域资本流动：动态与区域差异——基于1978—2009年数据［J］．国际商务研究，2012，33（3）：37－48.

［123］赵会玉．地方政府竞争与经济增长：基于市级面板数据的实证检验［J］．制度经济学研究，2010（1）：25－43.

［124］赵璐，赵作权．基于特征椭圆的中国经济空间分异研究［J］．地理科学，2014，34（8）：979－986.

［125］赵伟，向永辉．区位优势、集聚经济和中国地区间FDI竞争［J］．浙江大学学报（人文社会科学版），2012，42（6）：111－125.

［126］赵作权，唐世芳，赵璐．2030年中国消费市场空间预测分析［J］．城市与环境研究，2015（6）：36－48.

［127］郑永年．中国的“行为联邦制”［M］．邱道隆，译．北京：东方出版社，2013.

[128] 郑长德，曹梓爔. 资本流动与经济增长收敛性关系——基于中国省际差异的实证研究 [J]. 广东金融学院学报，2008，23 (1)：34 -43.

[129] 周黎安. 中国地方官员的晋升锦标赛模式研究 [J]. 经济研究，2007 (7)：36 -50.

[130] 周黎安，吴敏. 省以下多级政府间的税收分成：特征事实与解释 [J]. 金融研究，2015 (10)：64 -80.

[131] 周密，盛玉雪，刘秉镰. 非均质后发大国中区域差距、空间互动与协调发展的关系研究 [J]. 财经研究，2012 (4)：4 -15.

[132] 周民良. 经济重心、区域差距与协调发展 [J]. 中国社会科学，2000 (3)：42 -53.

[133] 周业安，冯兴元，赵坚毅. 地方政府竞争与市场秩序的重构 [J]. 中国社会科学，2004 (1)：56 -65.

[134] 周业安. 地方政府治理：分权、竞争与转型 [J]. 人民论坛·学术前沿，2014 (2)：14 -23.

[135] 朱平芳，张征宇，姜国麟. FDI 与环境规制：基于地方分权视角的实证研究 [J]. 经济研究，2011 (6)：133 -145.

[136] Alesina, A., Spolaore, E. On the Number and Size of Nations [J]. Quarterly Journal of Economics, 1997 (12): 1027 -1056.

[137] Anderson, F., Forslid, R. Tax Competition and Economic Geography [J]. Journal of Public Economics, 2003 (5): 279 -304.

[138] Andre, F., Thierry, W. Can Tax Competition Lead to a Race to the Bottom in Europe? A Skeptical View [R]. Middlebury College Economics Discussion Paper, 2006.

[139] Anselin, L. Spatial Econometrics: Methods and Models [M]. Junk and MTP Press, 1988.

[140] Bai, C. E., Chang - tai, H., Qian, Y. Y. The Return to Capital in China [R]. NBER Working Paper Series, 2006.

[141] Baldwin, R. E., Krugman, P. Agglomeration, Integration and Tax Harmonization [J]. European Economic Review, 2004, 48 (1): 1 -23.

[142] Baldwin, R. E., Okubo, T. Heterogeneous Firms, Agglomeration and Economic Geography: Spatial Selection and Sorting [J]. Journal of Economics Geography, 2006 (6): 323-346.

[143] Benjamin, W., The Work of Art in the Age of Mechanical Reproduction [M]. Create Space Independent Publishing Platform, 2009.

[144] Borck, R., Pfluger, M. Agglomeration and Tax Competition [J]. European Economic Review, 2006, 50 (3): 647-668.

[145] Bucovetsky, S. Public Input Competition [J]. Journal of Public Economics, 2005 (89): 1763-1787.

[146] Cai, H. B., Treisman, D. Does Competition for Capital Discipline Governments? Decentralization, Globalization and Public Policy [J]. American Economic Review, 2005 (95): 817-830.

[147] Campbell, J. Y., Mankiw, N. G. Permanent Income Current Income and Consumption [J]. Journal of Business& Economic Statistical Association, 1990, 8 (3): 265-278.

[148] Carbonnier, C. Decentralization and Tax Competition between Asymmetrical Local Governments: Theoretical and Empirical Evidence [J]. Public Finance Review, 2013, 41 (4): 391-420.

[149] Case, A. C., Rosen, H. S. Budget Spillovers and Fiscal Policy Interdependence: Evidence From the States [J]. Journal of Public Economics, 1993, 52 (3): 285-307.

[150] Caselli, F., Feyrer, J. The Marginal Product of Capital [R]. NBER Working Paper, 2005.

[151] Coulibaly, S. Empirical Assessment of the Existence of Taxable Agglomeration Rents [R]. The World Bank Report, 2008.

[152] Edwards, S. Capital Mobility and Economic Performance: Are Emerging Economics Difference? [R]. NBER Working Paper Series, 2001.

[153] Feldstein, M, Horioka, C. Domestic Saving and International Capital Flows [J]. The Economic Journal, 1980, 90 (358): 314-329.

[154] Fenge, R., Ehrlich, M. V., Wrede, M. Public Input Competition and Agglomeration [J]. Regional Science and Urban Economics, 2009 (39): 621 -631.

[155] Forslid, R. Tax Competition and Agglomeration [J]. Swedish Economic Policy Review, 2005 (12): 113 -137.

[156] Fuest, C., Huber, B., Mintz, J. Capital Mobility and Tax Competition: A Survey [R]. CESifo Working Paper, 2003.

[157] Fujita, M., Hu, D. P. Regional Disparity in China 1985—1994: the Effects of Globalization and Economic Liberalization [J]. The Annals of Regional Science, 2001, 35 (3): 3 -37.

[158] Fujita, M., Thisse, J, F. Economics of Agglomeration [M]. Cmbridge University Press, 2002.

[159] Hall, R., Jones, C. Why Do Some Countries Produce So Much More Output than Others? [J]. Quarterly Journal of Economics, 1999 (114): 83 -116.

[160] Hans, J. K., Karen, H. M. K., Guttorm, S. Competing for Capital in a Lumpy World [J]. Journal of public economics, 2000 (78): 253 -274.

[161] Harris, C. D. The Market as a Factor in the Localization of Industry in the United States [J]. Annals of the Association of American Geographers, 1954 (64): 315 -348.

[162] Harvey, D. Spaces of Capital: Towards a Critical Geography [M]. Routledge Press, 2001.

[163] Hirschman, A. O., The Strategy of Economic Development [M]. Westview Press Inc, 1958.

[164] Hirschman, A. O., Exit, Voice and Loyalty [M]. Harvard University Press, 1970.

[165] Hsiao, C., Pesaran, M. H., Tahmiscioglu, A. K. Maximum Likelihood Estimation of Fixed Effects Dynamic Panel Data Models Covering Short Time Periods [J]. Journal of Econometrics, 2002, 109 (1): 107 -150.

[166] Huhnerbein, O., Seidel, T. Intra-Regional Tax Competition and Economic Geography [R]. CESifo Working Paper, 2007.

[167] Iwamoto, Y., Wincoop, E. V. Do Borders Matter? Evidence from Japanese Regional Net Capital Flows [J]. International Economic Review, 2000, 41 (1): 241 -290.

[168] Jayaraman, S., Milbourn, T. T. The Role of Stock Liquidity in Executive Compensation [J]. The Accounting Review, 2012, 87 (2): 537 -563.

[169] Jin, H. H., Qian, Y. Y., Weingast, B. Regional Decentralization and Fiscal Incentives: Federalism, Chinese Style [J]. Journal of Public Economics, 2005 (89): 1719 -1742.

[170] Kiziltan, M., Golovko, A. Testing the Saving - Investment Relationship for the Country Groups Classified by Income Levels [R]. International Academic Conference, Barcelona. 2016.

[171] Krogstrup, S. Are Corporate Tax Burdens Racing to the Bottom in the European Union [R], EPRU Working Paper, 2004.

[172] Krogstrup, S. Increasing Returns in a Standard Tax Competition Model [R]. HEI Working Paper, 2004.

[173] Krugman, P. Increasing Returns and Economic Geography [J]. Journal of Political Economy, 1991 (99): 483 -499.

[174] Krugman, P. First Nature, Second Nature and Metropolitan Location [J]. Journal of Regional Science, 1993 (33): 129 -144.

[175] Laffont, J. J., Qian Y. Y. The Dynamics of Reform and Development in China: A Political Economy Perspective [J]. European Economic Review, 1999 (43): 1105 -1114.

[176] Lee, L. F., Yu, J. H. A Spatial Dynamic Panel Data Model With Both Time and Individual Fixed Effects [J]. Econometric Theory, 2010, 26 (2): 564 -597.

[177] Lee, L. F., Yu, J. H. Efficient GMM Estimation of Spatial Dynamic Panel Data Models with Fixed Effects [J]. Journal of Econometrics, 2014, 180 (2): 174 -197.

[178] Lee, Y., Gordon, R. H. Tax Structure and Economic Growth [J]. Journal of Public Economics, 2005 (89): 1027 -1043.

[179] Lee, W., Choe, B. Agglomeration Effect and Tax Competition in the Metropolitan Area [J]. The Annals of Regional Science, 2012, 49 (3): 789 -803.

[180] LeSage, J. P., Fischer, M. M. Spatial Growth Regression: Model Specification, Estimation and Interpretation [J]. Spat Econ Anal, 2008, 3 (3): 275 -304.

[181] Liu, Y. Z., Vazquez, J. M. Interjurisdictional Tax Comptition in China [J]. Journal of Regional Science, 2014, 54 (4): 606 -628.

[182] Macdougall, G. D. A., The Benefits and Costs of Private Investment from Abroad: A Theoretical Approach [J]. Economic Record, 1960 (36): 13 -35.

[183] Meyrelles - Filho, S. F., Jayme - Jr, F. Capital Mobility, Balance of Payments Constraints, and Economic Growth: An Empirical Dynamic Analysis [R]. Texto para Discussion Paper, 2010.

[184] Musgrave, R. A. The Theory of Public Finance. A Study in Public Economy [M]. McGraw - Hill Book Company, 1959.

[185] Myrdal, G. Economic Theory and Underdeveloped Regions [M]. Harper & Row Press, 1957.

[186] Nicolas, C., Guibaud, S., Jin, K. Y. Credit Constraints and Growth in a Global Economy [J]. American Economic Review, 2015, 105 (9): 2338 -2381.

[187] Oates, W. E. An Essay on Fiscal Federalism [J]. Journal of Economic Literature, 1999, 37 (3): 1120 -1149.

[188] Oates, W. Fiscal Federalism [M]. New York: Harcourt Brace Jovanovich, 1972.

[189] Peralta, S., Ypersele, T. V. Coordination of Capital Taxation among Asymmetric Countries [J]. Regional Science and Urban Economics, 2006 (36): 708 -726.

[190] Qian, Y. Y., Cao, Y. Z., Weingast, B. From Federalism, Chinese Style, to Privatization, Chinese Style [J]. Economics of Transition, 1999, 7 (1): 103 -131.

[191] Qian, Y. Y., Roland, G. Federalism and the Soft Budget Constrain [J]. American Economic Review, 1998, 88 (5): 1143 -1162.

[192] Qian, Y. Y., Weingast, B., Federalism As a Commitment to Preserving Market Incentives [J]. Journal of Economic Perspectives, 1997, 11(4): 83 -92.

[193] Rademacher, I. Tax Competition in the Eurozone: Capital Mobility, Agglomeration, and the Small Country Disadvantage [R]. MPIfG Discussion Paper, 2013.

[194] Rauch, A., Hummel, C. A., How to Stop the Race to the Bottom: Empirical Evidence from North Rhine - Westphalia [J]. Int Tax Public Finance, 2016 (23): 911 -933.

[195] Redding, S. J. The Empirics of New Economic Geography [J]. Journal of Regional Science, 2010, 50 (1): 297 -311.

[196] Richard, E. B. Tax Competition and the Nature of Capital [J], Journal of public economics, 2002 (10): 1 -9.

[197] Rixen, T. Tax Competition and Inequality: The Case for Global Tax Governance [J]. Global Governance, 2011 (17): 447 -467.

[198] Romano, O. Assessing the Macroeconomic Effects of Competition Policy—the Impact on Economic Growth [J]. Economic Insights - Trends and Challenges, 2015, 4 (3): 81 -88.

[199] Sachs, J. D., A. M. Warner. Natural Resource Abundance and Economic Growth [R]. NBER Working Paper, 1995.

[200] Samuelson, P. A. Diagrammatic Exposition of a Theory of Public Expenditure [J]. Review of Economics and Statistics, 1955, 37 (4): 350 -356.

[201] Samuelson, P. A. International Trade and the Equalization of Factor Prices [J]. Economic Journal, 1948 (58): 163 -184.

[202] Samuelson, P. A. International Factor Price Equalization Once Again [J]. Economic Journal, 1949 (59): 181 -197.

[203] Shibata, A., Shintani, M. Capital Mobility in the World Economy: An Alternative Test [J]. Journal of International Money and Finance, 1998, 17 (5): 741 -756.

[204] Slaughter, M. J. Per Capital Income Convergence and the Role of International Trade [R]. NBER Working Paper, 1997.

[205] Tiebout, C. M., A Pure Theory of Local Expenditure [J]. Journal of Political Economy, 1956, 64 (5): 416 - 424.

[206] Wang, Y., Yao, Y. D. Sources of China's economic growth 1952—1999: Incorporating Human Capital Accumulation [J]. China Economic Review, 2003, 14 (1): 32 - 52.

[207] Wildasin, D. E. Fiscal Aspects of Evolving Federation: Issues for Policy and Research [R]. The World Bank Policy Research Working Paper, 1998.

[208] William Easterly. The Elusive Quest for Growth: Economists. Adventures and Misadventures in the Tropics [M]. The MIT Press, 2005.

[209] Wilson, J. D., Wildasin, D. E. Capital Tax Competition: Bane or Boon? [J]. Journal of Public Economics, 2004, 88 (6): 1065 - 1091.

[210] Wurgler, J. Financial Markets and the Allocation of Capital [J]. Journal of Financial Economics, 2000 (58): 187 - 214.

[211] Yao, Y., Zhang X. B. Race to the Top and Race to the Bottom? Tax Competition in Rural China [R]. IFPRI Discussion Paper, 2008.

图书在版编目（CIP）数据

地方政府竞争对中国区域间资本流动的经济效应研究/钟军委著. --北京：中国财政经济出版社，2022.3
ISBN 978-7-5223-1118-0

Ⅰ.①地… Ⅱ.①钟… Ⅲ.①地方政府-竞争-影响-资本流动-经济效果-研究-中国 Ⅳ.①F832.6

中国版本图书馆 CIP 数据核字（2022）第 015348 号

责任编辑：马　真　　　　责任校对：徐艳丽
封面设计：陈宇琰　　　　责任印制：刘春年

地方政府竞争对中国区域间资本流动的经济效应研究
DIFANG ZHENGFU JINGZHENG DUI ZHONGGUO QUYUJIAN ZIBEN LIUDONG DE JINGJI XIAOYING YANJIU

中国财政经济出版社 出版
URL：http：//www. cfeph. cn
E-mail：cfeph@ cfeph. cn

社址：北京市海淀区阜成路甲 28 号　邮政编码：100142
营销中心电话：010-88191522
天猫网店：中国财政经济出版社旗舰店
网址：https：//zgczjjcbs. tmall. com
北京财经印刷厂印刷　各地新华书店经销
成品尺寸：170mm×240mm　16 开　12.25 印张　191 000 字
2022 年 3 月第 1 版　2022 年 3 月北京第 1 次印刷
定价：65.00 元
ISBN 978-7-5223-1118-0
（图书出现印装问题，本社负责调换，电话：010-88190548）
本社图书质量投诉电话：010-88190744
打击盗版举报热线：010-88191661　QQ：2242791300